日本手話と日本語対応手話
(手指日本語)
間にある「深い谷」

木村晴美

生活書院

はじめに

　「日本手話と日本語対応手話って、どこがどう違うのですか？」
　手話といっても、実は日本手話と日本語対応手話があると説明すると、上のような質問が寄せられます。
　「日本語対応手話は、大雑把にいってしまえば、日本語をしゃべりながら日本手話の単語を並べていくものであるのに対し、日本手話は、日本語と異なる言語体系を有している。このふたつは似ているようで実はまったく異なる」と説明していますが、質問者の顔には、はてなマークがついたままです。そこで仕方がなく、実例をお見せするのですが、次にくるのは、「それでは、日本語ができるようになれば、聾の皆さんは、日本語対応手話も話せるようになるのですか？」という質問です。あるいは、「日本語対応手話もひとつの言語ですか？」という質問もあります。「テレビ等で見る手話通訳者の手話は何ですか？」という質問もあります。そこで、日本語対応手話の限界を説明しなければならないし、日本語対応手話は日本語の仲間だということも説明しなければなりません。鋭いものになると「なぜ日本手話と日本語対応手話のふたつがあるのでしょうか」という質問もあります。
　そこで、本書は、上のような質問に包括的に答えられるようなものにしたいと考えました。写真ではわかりにくいと思いますが、両者の違いがわかるように実例もたくさん入れました。
　また、「日本語対応手話は日本語の仲間だ」と私は説明していますが、よく使われているその呼称は「日本語対応手話」と最後に「手話（しゅわ）」がきています。それってよく考えてみれば、おかしいですよね。日本語の語の特性として複合語の中心は右におかれることが多いのです。

「ミツ」と「ハチ」を組み合わせて作った複合語でも「ミツバチ」は「ハチ」のこと、「ハチミツ」は「ミツ」のことです。ならば、「日本語対応手話」は「手話」となってしまいます。そこで、本書では日本語を手指で表したものとして「日本語対応手話」ではなく「手指日本語（しゅしにほんご）」を使うことにしました。

　一方、「日本語対応手話は手話ではない、日本語だ」という主張に対して、「私はそれを手話だと思って使ってきた。今更それを言われても困る」という声もあります。手話でないものを手話といってきた長い歴史があるのですから、そうした反発の声も当然のことだと思います。しかし、これからも手話でないものをそのまま手話といっていいのでしょうか。私は、本書を通じ「手指日本語」という語を定着させたいと考えています。

　2006年12月に国連総会で採択された障害者権利条約の第2条・定義で、「『言語』とは、音声言語及び手話その他の形態の非音声言語をいう」（政府訳）が入りました。日本はこの条約に署名しましたが、まだ批准していません。また、2011年3月11日の東日本大震災の後、官邸発の記者会見に手話通訳がつくようになりました。インターネット政府テレビでも手話通訳付きの動画をみることができます。また、最近の画期的なできごととして、7月29日に参議院本会議で全会一致により成立した改正障害者基本法の第3条・理念に「言語（手話を含む）」が入ったことが挙げられるでしょう。これは、障害者権利条約批准に向けた国内法整備のひとつとしてとらえることができると思います。また、財団法人全日本聾唖連盟による手話言語法制定推進事業も始まっています。

　このように、手話をめぐるダイナミックな動きが始まっていますが、ここで気をつけなければならないのは、ここでいう"手話"がいったい何を指しているのか、ということです。海外で制定されている手話に関連する法律を概観すると、「音声言語とは異なる独自の言語体系を有するもの」等、言語としての位置づけが明確になっています。例えば、ハンガリーの「ハンガリー手話およびハンガリー手話の使用に関する法律」では、ハン

はじめに

ガリー手話を言語として、手指ハンガリー語については、触手話等と一緒に特別なコミュニケーションシステムとして位置づけています。何でも玉虫色にしてごまかそうとする日本とは大違いです。

ところで、官邸発の記者会見についた手話通訳のほとんどは、日本手話でなく手指日本語でした。それを見てよくわかったという聾者はいませんでした。なぜ、そのような事態になったのでしょうか。それに対する答えも、本書を通して考えていただければと思います。

80年以上もの長い間、口話教育をしてきた聾学校（聴覚特別支援学校）ですが、最近、「我が校では手話を取り入れている」と謳う聾学校も出てきました。しかし、その手話は、手指日本語であることが多く、学校全体で日本手話と書記日本語のバイリンガル教育を行っているのは学校法人明晴学園だけです。日本手話で教えようとする先生も増えていますが、聾学校全体からみれば、まだまだ少数派です。本書を通して、聾教育の現場にも日本手話が導入されるきっかけになることを切に望みます。

本書は、一般の読者に日本手話と手指日本語（日本語対応手話）について説明することを目的としています。そのため、言語接触、ピジン・クレオール、混成言語等を専門にしていらっしゃる方からみれば、物足りない面があると思います。それについては、甘んじて苦言を受けたいと思います。

最後に、遅筆の私を辛抱強く待ってくださった生活書院の髙橋淳さん、出版の打ち合わせのたびに手話通訳をしてくださった性全幸さん、コード・ブレンドに関して助言をくださった澁谷智子さん、原稿はまだか？と適時メールをくださったかげの編集人のごとき岡典栄さん、本書の日本語をみてくださった宮澤典子さん、日本手話と手指日本語の違いがすぐにわかるような本が欲しいと異口同音に言ってくださった皆さんに心から感謝します。

2011年8月　木村晴美

日本手話と日本語対応手話（手指日本語）
目次

はじめに　3

第1部　日本手話と手指日本語（日本語対応手話）

日本語対応手話は手指日本語 ……………………………………………… 12
いろいろな言い方がある ……………………………………………… 13
「同時法」について ……………………………………………… 14
日本の手話はひとつ？ ……………………………………………… 15
日本手話と手指日本語はいつから？ ……………………………………………… 17
手指日本語は日本語の変種 ……………………………………………… 20
昭和の初期に失聴した人たち ……………………………………………… 21
コミュニケーション手段としての手指日本語（中途失聴者）………… 22
第二言語としての日本手話（レイターサイナー） ………………… 23
手指日本語に対するコンプレックス ……………………………………………… 25
手話講習会では…… ……………………………………………… 26
コード・スイッチ ……………………………………………… 27
コード・ミキシングとコード・ブレンド ……………………………………………… 29
手指日本語を先に覚えると…… ……………………………………………… 32
手話の歌は実は手指日本語 ……………………………………………… 36
手話スピーチコンテストの多くは手指日本語スピーチコンテスト … 37
手指日本語は日本語獲得に役に立つか？ ……………………………………………… 39
私が出演した番組について ……………………………………………… 40
テレビなどがもたらす影響について ……………………………………………… 42

聾者の手指日本語と聴者の手指日本語の間には深い谷がある ……… 44
日本語は得意でも手指日本語は読めない ……………………………… 45
日本手話で話がしたいのに…… ………………………………………… 47
手指日本語はリンガフランカとして機能できるか …………………… 48

第2部　実例編

第1章　基本文
手指日本語にはNMM（非手指動作）がない！ ……………………… 52
1-1　yes／no疑問文　52
1-2　wh疑問文　57
1-3　NMMがない例（過去形）　60
1-4　NMMがない例（非手指副詞1）　62
1-5　NMMがない例（非手指副詞2）　65
1-6　NMMがない例（非手指副詞3）　69
1-7　NMMがない例（どこを修飾しているの？）　72
1-8　NMMがない例（否定）　75
1-9　NMMがない例（接続詞・順接と逆接）　78

第2章　時間を表す表現
時間を表わす表現とは ……………………………………………………… 85
2-1　それはいつのこと？（1）　85
2-2　それはいつのこと？（2）　89
2-3　それはいつのこと？（3）　93

第3章　日本手話らしい表現を手指日本語でやるとどうなる？
指さし ……………………………………………………………………… 119
RS（レファレンシャルシフト） ………………………………………… 124
自動詞／他動詞 …………………………………………………………… 133

接続詞的用法	137
イベントチェーンの紹介	149
文法化（いう、くる）	152
慣用的表現	154
文末コメント	157
語彙の持つ意味範囲の違い	158

文献案内　161
参考資料　162

第1部
日本手話と手指日本語（日本語対応手話）

第1部　日本手話と手指日本語（日本語対応手話）

日本語対応手話は手指日本語

　ひとくちに手話といっても、巷には日本手話と日本語対応手話（手指日本語）のふたつがあります。そういうと、聾者や手話のことを知らない多くの人は目を白黒させます。

　日本語対応手話は、「手指日本語」とよみかえてよいと思います。英語に訳すと Signed Japanese (SJ) です。日本手話は、Japanese Sign Language (JSL) となります。

　Sign Language は手話という意味です。例えば、アメリカ手話は American Sign Language (ASL)、韓国手話は Korean Sign Language (KSL) です。Language（ランゲージ）は言語、という意味です。その Language が入っているのですから、英語圏の人々は、手話は言語のひとつだということを認識しやすいのだと思います。一方、Signed Japanese は「サインで表された日本語」という意味になります。これが日本語対応手話にあたります。英語圏では、同じように手を動かすにしても、言語としての手話と音声言語に即したもののふたつがあるということがわかりやすくなっています。

　日本語では、日本手話も、日本語対応手話も、最後に手話がついているので、どちらも手話なのだと誤解されやすくなっています。これまでに何度か、「日本語対応手話」ではなく、「手指日本語」にしようと提案されましたが、いまだに定着していません。

　本書では、迷いましたが、手指日本語と書くことにしました。手話言語でないものを手話と呼ぶことは問題だと思うからです。

　また、今はあまり聞かれませんが、「シムコム（Sim-com）」という言い方もあります。シムコムは Simultaneous Communication の略で、同時的コミュニケーションという意味です。米国では、Signed English とシムコムは同一ではないという意見があります。英語に厳格に対応したもの

がSignd Englishで、シムコムはそれより緩やかだとしています。本書では、シムコムも手指日本語に含めることにします。あとで詳しく述べますが、本書では手指日本語には、日本語を厳格に手指で表現したものから緩やかなものまで、幅があるという立場をとりたいと思います。

参考までに、同じ英語圏でもアメリカではアメリカ手話、イギリスではブリテン手話、オーストラリアではオーストラリア手話とそれぞれの国で手話は異なっています。アルファベットを表示する指文字も、片手のみで表現するアメリカ手話式と両手で表現するブリテン手話式があります。

いろいろな言い方がある

手話をとりまく状況をさらに複雑にしているのは、「日本手話」、「日本語対応手話（手指日本語）」のほかにも、いろいろな呼称が混在していることです。

古いものでは、「手勢（しゅせい）」や「手語（しゅご）」、「手真似（てまね）」、「手動」があります。ほかにも、「同時法手話」、「中間型手話」、「伝統的手話」、「聾者的手話」、「ろう語」があります。また、「聾者的手話」に対し、「（健）聴者的手話」という言い方もあります。手話と日本語を同時に用いるコミュニケーションの総称としての「シムコム」もあります。

新しいものでは、高田英一氏が提案した話し言葉としての「コミュニケーション手話」と書き言葉に相当する「ステージ手話」があります。高田氏の提案は、単純化すれば「コミュニケーション手話」は日本手話、「ステージ手話」は手指日本語を意味しているようです。

学術の世界では言語としての手話のことを「手話言語」という語で表現することが一部で定着しています。最近では、「手話（しゅわ）」でなく「手語（しゅご）」にしようという提案もされています。それは「日本語」、「英語」、「ドイツ語」、「スワヒリ語」のように、各言語の「〇〇語」という表記にあわせて「手語（しゅご）」にしようというものです。

「同時法」について

　「同時法」は1968（昭和43）年に田上隆司から提案されました。田上の著書『手話の世界』(1979)では、同時法的「手指法」と同時法的「手話」の2種類の記述がみられます。どちらも同じ意味で使われています。

　田上は、口話法主義下の聾学校では手話は禁止されているけれども、手話が聾者にとって必要なものであれば、日本語の形で手話を使うようにすればよいと考えました。日本語の形で手話を学び、その手話を使って日本語を習得するという考えです。また、田上は、アメリカでは「手の英語」「手話化した英語」と名付けていることから、その国の国語と一致した手話を日本でも作る必要があると考え、栃木県立聾学校で同時法的手話による教育を始めました。

　田上は、日本語とは別の言語である手話を「伝統的手話」、日本語の手話を「同時法的手話」と名付けました。また、田上は、日本語には「音声で表した日本語」と「手指で表した日本語」があるとし、同時法的手話は手話でなく日本語の一つとして位置づけていました。また、同時法的手話は聾学校だけに用いられるものでなく、広い意味で「日本語の手話」は作られてもよいというのが田上の主張でした。

　日本語の手話の使い方として、発語しながら手指法を用いること、話のままに手指法にすること、語の並べ方を特に変える必要はないこと、話の調子やテンポにあわせて、手指法も大小強弱のニュアンスをつけること、手の動きと口の動きが時間的にずれないようにすることなどを提案しました。同時法的手話は、日本手話にはない新しく作られた語で独自の表現が用いられますが、それらの独自の語に関する知識がなくても表現できるようアドバイスしています。現在の手指日本語は、ほぼ田上が提案したとおりになっています。もちろん、田上が提案したからそのとおりになったのではなくて、日本語を母語とする人にとっては、手話の単語さえ覚えてし

まえば、音声日本語を発語しながら手を動かせばよいので、誰がやっても同じような表現になったのでしょう。ただ、田上は、日本語の手話であるからには、「読む、読まない、読みます、読めば、読める……」などの語尾変化も手話化して、落とさないように表現することが肝要だとしました。しかし、現在の手指日本語はその部分は欠落しています。

「中間型手話」について、田上は、同時法的手話（日本語の手話）と伝統的手話の中間にある漠然としたものをさしています。中間型手話を使うのは、日本語で考える中途失聴者や伝統的手話に慣れていない聴者に多くみられ、日本語の文法が手話表現の中に色濃く出てくるようなものだとしています。その特徴として、伝統的手話の語が用いられるがその語の意味は日本語に近く、語順は日本語の語順にほぼ従っています。また、日本語を伝統的手話の語で表現しにくいとき、例えば「〜ねばならない」は手単語〈必要〉で代用するといったように、代用のパターンが決まっています。田上は、手話通訳者に中間型手話を使うものが多く、その影響で聾者も講習会で中間型手話を教えていると指摘しています。

以上のことから、田上の「日本語の手話」もしくは「同時法的手話」は、助詞、助動詞、語尾変化なども正確に表現しなければならず、そういう意味では完全な、あるいは厳格な手指日本語をめざしたものだといってよいでしょう。一方、中間型手話は、現在のいわゆる「日本語対応手話」に該当し、手指日本語といえます。

日本の手話はひとつ？

学術の世界では、日本手話と手指日本語は似て非なるものであるということはすでに常識となっています。しかし、そのふたつを区別することは、日本の聴覚障害者集団を分断することになるとして、反対しているろう運動団体も存在します。その運動団体は「日本の手話はひとつ」と主張しています。この主張は、実は政治的イデオロギーが強く働いているものとい

えるでしょう。日本手話か、手指日本語か、その違いを言語学的観点から区別することは、あまり意味がないという主張です。

　これは、言語をどう区分するかに関係します。例えば、中国語は政治的に分類すればひとつの言語ですが、言語学的に分類すると、まず、北京語、広州語、上海語の三大言語があります。中国では方言という位置づけですが、言語学的には語彙も発音も文法も異なるため、別々の言語にカウントされます。さらに、客家語、閩語、呉語、湘語、広東語などの方言もあります。そのため、中国では共通の書き言葉（書面語）が発達しています。外国人が中国語として学ぶのは北京語であることが多いようです。このように、中国語は政治的にはひとつの言語ですが、言語学的にはたくさんの異なる言語なのです。逆のケースとして、クロアチア語とセルビア語があります。このふたつの言語は同一の言語（セルボ・クロアチア語）です。公用語のひとつだったセルボ・クロアチア語は、ユーゴスラビアが解体された後、セルビアでは「セルビア語」、クロアチアでは「クロアチア語」と政治的には別の言語になりましたが、言語学的には同じ言語としてカウントされます。

　手指というモードを使う言語を政治的に分類すれば「日本の手話」はひとつという主張が成立するかもしれませんが、言語学的に分類すれば、やはり、日本手話と手指日本語はまったく異なる言語であると言わざるを得ません。手指日本語は、手指というモードで表現された日本語であり、言語学的には日本語に分類されるものなのです。

　「点字は日本語でない」と主張される方はいないでしょう。点字は点（ドット）というモードで日本語を表現したものだということは誰でも知っています。手指日本語も、手話の単語を借りて（使って）日本語を表現したものなのです。

　このことからわかるように、日本語とは異なる言語体系をもつ日本手話と、日本語を目で見る形に変えた手指日本語はまったく違うのです。しかし、そのことはあまり一般の人には知られていません。むしろ、日本手話は、音声日本語の代替手段だと思い込んでいる人が多いのです。声で話せ

ないから、代わりに手話を使うという発想です。だから、聞こえる人は声を出しながら手話を使い、聾者は声を出さないで手話を使っていて、両者にたいした違いはないと思われているのでしょう。

日本手話と手指日本語はいつから？

　世界でもっとも新しい言語は、ニカラグアのクレオール手話とされています。1980年代、ニカラグアの革命政府によって国内に初めて聾学校が設立され、聾の子どもたちが集められました。自分以外の聾者と接触する機会のなかった聾の子どもたちは、それまで自分の家で家族との意志疎通のために使っていたホームサイン（home sign）を聾学校に持ち寄ったので、そこにピジン的状況が生まれました。そして、彼らより遅れて入ってきた聾の子どもたちが、そのピジン的なものから一人前の手話を生み出したのです（クレオール化）。そのニカラグアのクレオール手話が世界で最も新しい言語だとされています。ちなみに、音声による新しい言語が生まれる可能性は無に近いそうです。

　似たような現象は日本でも起きました。小学校教員だった古河太四郎は、1875（明治8）年、3人の聾の子どもを受け入れ、それが後に日本初の聾学校である京都盲唖院の設立につながりました。1878（明治11）年に設立した京都盲唖院には、31人の聾の子どもたちが集められています。その数年後には京都盲唖院の子どもたちによるクレオール手話が生まれていたはずです。京都盲唖院設立2年後の1880（明治13）年には、東京にも訓盲院が設立されています。そこでも訓盲院の子どもたちによるクレオール手話が生まれていたはずです。京都盲唖院ができてからわずか28年後の1906（明治39）年には、東京で第一回全国聾唖者会議が開催されています。当時の日本手話と現在の日本手話は、文法も語彙もかなり違っている（これについては日本語にも同じことが言えます）と思いますが、日本手話は19世紀末からと言うことができます。

日本手話の歴史は約130年と短いので、日本語と比べ言語的にも未発達だろうというのは一般の人の考えです。ピジンを材料として、子どもたちが一人前の言語（クレオール）を創造することは言語学の常識です。わずか一世代を経るだけで複雑な言語構造をもつ一人前の言語が誕生します。

さて、手指日本語はいつ頃から使われるようになったのでしょうか？残念ながら私の知っている範囲では、それについての研究はありません。京都盲唖院の設立者、古河太四郎は聴者で手話はできませんでしたが、聾の子どもたちが使っていたホームサインをもとにした手勢法で子どもたちに教えていました。東京の訓盲院は、山尾庸三が設立していますが、彼も聴者です。古河や山尾が手話をするときに声も一緒に出していたかどうかは、記録がみあたらないのでわかりません。もし、声も一緒に出していたなら、手指日本語は当時から存在したことになります。

音声言語と手話言語とでは発話の際に用いられるものが異なります。音声言語では音声モード、手話言語では手指モードです。音声言語は口で話し耳で聞きますが、手話言語は手で話し目で聞きます。

音声言語同士、例えば、日本語と英語を同時に発話することは身体的に不可能です。発話モードが同じだからです。しかし、片方が手話言語で片方が音声言語の場合、発話モードが異なりますから、同時に発話することは可能になります。つまり声でしゃべりながら手を動かすという芸当ができるのです。聾者も口話ができれば、それは不可能ではありません。

手指日本語が手話学習者の間で広まるようになるのはもう少し後になってからです。

1963（昭和38）年に京都で初めて手話サークル「みみずく」が作られ、1968（昭和43）年には福島で第一回全国手話通訳者会議が開催されています。また、1970（昭和45）年には厚生省による手話奉仕員養成事業が開始され、全国各地で手話講習会が始まりました。昭和40年代を境に手話学習者の人口が一気に増えることになります。しかし、この時に導入された手話の多くは、聾者がふだん話している日本手話でなく、手指日本語だ

った可能性があります。どうして、日本手話が教えられなかったのかという、素朴な疑問を読者の方は感じているでしょう。

　昭和40年代というのは、高度経済成長期のちょうど真ん中あたりです。日本が経済的に豊かになり、人々が手話に関心をむけ始めるようになるまで、手話はまともに扱われませんでした（現在も、別の意味でまともに扱われていないのですが……）。

　それまで、手話は人前で使うものではない、みっともない、品がない、身振りのようなものとされていました。聾学校では、手話は口話（読唇と声での発話）習得の妨げになるとして、その使用を禁じられていました。「手話をすると馬鹿になる」と平気で口にする聾学校の先生や耳鼻科の医師もいました。「恥ずかしいから」と人前では手話をしない聾者もいました。

　ところが、昭和40年代を境に、厚生省の肝いりで手話講習会が始まり、各地で雨後のタケノコのように手話サークルが生まれると、多くの聾者は戸惑いました。しかしそのような状況の中で、活躍した人たちがいました。口話の上手な聾者です。口話の上手な聾者は、手話サークルや手話講習会で、手話をしながら口話もしました。つまり、手話付き口話です。これが手指日本語だったかどうかはもう少し検証が必要ですが、その手話付き口話で指導を受けた手話学習者は、音声日本語を話しながら手話をするというスタイルを身につけました。そうしたスタイルを身につけた聴者が、聾者に代わり手話講習会や通訳養成講習会などで指導していくようになります。それが結果的に、手指日本語を学ぶ手話学習者を増やすことになりました。最初は聴者にとって学びやすい手指日本語で教え、しばらくしてから目標を日本手話に変えるという手話講座もありましたが、いったん手指日本語を身につけてしまった人たちにとって日本手話へのシフトは難しく、あまりうまくいきませんでした。

　以上のことから、手指日本語が主流化したのは昭和40年代、つまり1960年代半ば以降だと考えられます。

手指日本語は日本語の変種

　手指日本語は、日本手話の単語を借りて日本語の言語構造にあわせて表現するものです。

　日本には、日本語の変種がたくさんあります。

　言語変種というのは、同一言語内における特定の集団（もしくは個人）によって話される様々な言語バリエーションをさします。共通語も変種のひとつとみなされます。地域方言も変種のひとつ（地域変種）です。いわゆるオネエ言葉や若者言葉も変種です。エリート、中流、貧民層などのような社会集団でそれぞれ固有の言葉がありますが、それも変種のひとつ（社会変種）です。

　ある言語の話者は、その言語のいくつかの変種を習得しているのが普通です。

　手話学習者や手話通訳者などが中心の集団を手話集団とします。その手話集団で話されているのは手指日本語で、それは日本語の変種といっていいかもしれません。聾者がまったくいないのに手を動かしながら声で話す人もいます。聾者は手話をするときは相手の顔を見ますが、手指日本語を話す聴者同士は、音声日本語だけで話しているときと同じようにふるまいます。講師が手話通訳者で、参加者も聴者が中心というようなある講習会の場面を思い浮かべてください。講師は声で話しながら手を動かしますが、手話になっていないその手の動きを一生懸命に見ているのは聾者だけです。聴者は講師を見たり、ノートを取ったり、目をつむって思案したりしています。講師の手は動いているけれども、聴者はみんな講師の手は見ずに、講師の声を耳から聞いているのです。そのようなことはごく普通に行なわれています。手話集団に身をおく聴者の話す言葉は手指日本語で、日本語の変種なのです。

昭和の初期に失聴した人たち

　もう一つ、忘れてはならないのは、昭和の初めにおおむね6歳から12歳までの間で失聴した人たちの存在です。言語臨界期に失聴した彼らは聾学校への転校を余儀なくされます。聾学校では新参者として扱われますが、集団生活の中で、手話を第二言語として獲得していきます。そういった人たちが聾者の代弁者としてろう運動の先頭に立って活躍するようになりました。

　例えば、1975（昭和50）年、民法11条の問題で史上初めて聞こえない人が国会で公述しました。8歳で失聴した高田英一氏です。当時、財団法人全日本聾唖連盟の書記長として衆議院予算委員会に臨み、準禁治産者の撤廃を求め、民法11条改正の必要性を訴えました。そのときの言語は手話ではなく音声日本語でした。

　彼らは、成人後に失聴した人とは異なり、年少時の言語臨界期までに音声日本語を獲得し、失聴後は聾学校で第二言語として手話を獲得した人たちです。彼らは、聾者が社会的に差別されている状況を打破しようとして、ろう運動に精力的に取り組んできました。手話奉仕員養成事業（1970）、手話奉仕員派遣事業（1976）、民法11条改正（1979）と運動を進めていきました。当時は手話のできる聴者はまだ少なく、手話通訳のできる人もほんの一握りしかいませんでした。彼らはそうした人たちとは手指日本語で会話していただろうと思います。

　異なるモード（声と手指）だからこそできる芸当なのですが、同じ手指日本語でも、彼らが使ったのは日本手話らしい表現が入った手指日本語だったでしょう。当時の手話学習者や手話通訳者が彼らの姿を自らの学習モデルとした可能性もあります。

コミュニケーション手段としての手指日本語（中途失聴者）

　音声日本語を獲得した後に失聴した人、徐々に聴力が落ちて難聴になった人は、日本手話より手指日本語のほうが馴染みやすいでしょう。

　彼らは、音声日本語をすでに獲得しているので、自分で音声日本語を話すのは問題ありません。問題になるのは、相手の音声日本語が聞き取れない、聞き取りにくいということです。その聞こえの問題を解決するために聴覚を補償する器機、例えばデジタル補聴器や人工内耳を装着する方がいます。人工内耳の手術後、音入れなどのリハビリを経て、日常生活に支障ない程度に聞こえるようになった方もいます。一方、補聴器や人工内耳の効果を得にくい方の中には、手話の単語を補助的に用いて相手の話（音声日本語）を理解しようとする方がいます。しかし、中高年になった後に失聴した場合は、手話の単語を覚えることにかなり苦労されるようです。

　中途失聴者の家族や周囲の方が手話の単語を覚え、手指日本語がある程度使えるようになったら、中途失聴者は音声日本語だけで話し、相手は手指日本語で話すという、傍から見れば誰が聞こえない人なのかわからないというケースもあります。

　私は中途失聴や難聴の方を対象にしたクラスで日本手話を教えたことがありますし、中途失聴の方との個人的なおつきあいもあります。手指日本語から入った方が多いのですが、日本手話を覚えて聾者と会話しようとする中途失聴者もいましたし、逆に手話の単語を覚えても家族が使えないからと手話の学習をやめてしまった方もいました。

　難聴者や中途失聴者のための組織ももちろんあります。社団法人全日本難聴者・中途失聴者団体連合会（全難聴）という全国組織です。

　難聴者・中途失聴者同士のコミュニケーションがうまくいかず、非常に大変だったという話をある中途失聴の方から聞いたことがあります。今から約 40 年前の 1970 年代、組織を立ち上げるために難聴者・中途失聴者が

十数人集まったのですが、手話ができる人があまりいなく、発言したいときはわざわざOHP（オーバーヘッドプロジェクター）のところまで行って日本語の文章を書いたり、OHPがないときは黒板に書いたりと、それは本当に大変だったと回想されていました。

東京では、1975（昭和50）年に難聴者・中途失聴者のための手話講習会が開講されています。当時は、手話に対する偏見や差別意識もあり、手話を覚えることに抵抗感をもつ難聴者・中途失聴者が多かったと聞きます。1981（昭和56）年に国際障害者年がきっかけとなり、手話ブームが起きると、手話を覚えようとする難聴者・中途失聴者が徐々に増えました。

手話といっても、この場合は手指日本語ですが、既存の手話の単語を日本語の単語に置き換えて覚え、それを補助的手段として用いると、筆談よりは格段にコミュニケーションの効率が上がることがわかりました。全難協はウェブサイトで、読話（相手の唇の動きから日本語を読み取る）、筆談のほかに、日本語の文法にそった「日本語対応手話」の習得を勧めています。

現在では、NHK教育番組でも難聴者・中途失聴者を対象にした「ワンポイント手話」が放送されています。「ワンポイント手指日本語」と番組名を変えたほうがいいかもしれませんね。

以上のように、視覚的に表現された日本語として日常生活の中で手指日本語を用いている人たちがいます。

第二言語としての日本手話（レイターサイナー）

近年になって、手話を母語としない聴覚障害者が成人後に日本手話を学び、レイターサイナー[*1]となる人たちが増えています。それは、昭和40年代を境にインテグレーション教育が盛んになり、聾学校でなく地域の小

---

*1 レイターサイナー：広義的には、第二言語として日本手話を習得している聴者も含まれますが、本書では狭義的な意味で使います。

中学校に入学もしくは転校する聞こえない子どもが増えたためです。

　子ども時代を聾学校で過ごした人や聾の両親から生まれ育った人は手話が母語ですから、彼らをネイティブサイナーとすれば、インテグレーションした人が高校生や大学生になってから近所の手話サークルや大学の手話サークルなどで手話に接し、その後、デフコミュニティへの参入を決めた人たちはレイターサイナーです。デフコミュニティに一体感を見出し、自ら「聾者」としてふるまうようになります（手話や聾者との接点がない、あるいは関心をもたないという聴覚障害者もいます。そうした人たちを聴覚の損失レベルで計るのでなく、社会的な意味で難聴者と私たちは呼んでいます。つまり、文化的にろうでない人々のことです）。

　レイターサイナーにもいろいろいます。ネイティブサイナーのように日本手話を流暢に扱える人もいれば、非常にたどたどしいレベルにとどまっている人もいます。

　レイターサイナーが第二言語として日本手話を習得する過程の中で、日本語の体系とも、習得中の日本手話の体系とも異なる独自のシステム（中間言語）を作り上げることがあります。それが日本手話とも手指日本語とも見える場合があり、日本手話をめぐる状況を複雑にさせる一因にもなっているでしょう。

　中間言語が化石化[*2]してしまったレイターサイナーもいますし、中間言語状態から脱し第二言語として日本手話を習得したレイターサイナーもいます。

　アメリカ生活が長い英語の上手な日本人でも、その英語がネイティブスピーカーのそれとは発音や言い回しが微妙に違うように、レイターサイナーの手話もネイティブサイナーの発音（手の動きや形）や話の展開の仕方

＊2　化石化：第二言語習得過程の中で誤りはたえず修正されますが、時として正しくない音（手話の場合は手型や動きなど）や語彙・文法などが定着してしまい、その後、時間を経ても正しいものに修正されない状態にあること。

とは微妙に違うことはよくあります。その微妙な違いをノン・ネイティブサイナーが直感的に区別するのはなかなか難しいものです。

手指日本語に対するコンプレックス

　手話講習会で教えられている手話は、聾者がふだん用いるような手話ではないことが多いのです。理由はいろいろあります。まず、一つに、聾者自身が自分たちの手話が音声言語と対等で複雑な言語構造を持っているのだと理解していないことです。発声が下手だから、声を出せない代わりに手話をするけれども、その手話は、手指日本語と比べると下品で語順がデタラメだという思い込みです。

　私が学生の頃の話ですから、1980年代のことです。ある手話講習会で助手をしていた年配のろうの女性は、自分の手話のことを「語順がデタラメだし、下手だし、みっともない」と評していました。聴の講師の手指日本語については「語順がちゃんとしていて、きれい」とほめていました。

　手話は長い間、まともな言語として扱われてきませんでした。外で手話を使うとジロジロと見られたり、猿真似と言われたりしました。聾学校では、聞こえる人に近づけるための口話教育が行なわれ、手話を使うことが禁止されました。手話で話すのを禁止されるということは、その手話を使う聾者の存在や人格を否定されることと同じです。聴者がスタンダードであり規範であり、目標だったのです。

　音声日本語を上手に話せないからその代替的手段として手話を用いているのだという認識が聾者の間にもありました。発声の上手な人は声を出しながら手話をし、発声の下手な人は声を出さないで手話をするのだという認識です。口話が上手にでき、手話付き口話のできる人は、秀才と目され、高いステータスを得られました。学童期（言語獲得の臨界期）に失聴した人で、聾学校に編入した人は口話も手話もできるようになり、手話付き口話も上手にできていたので、彼らも一目置かれていました。

私自身も、自分の親の手話はみっともないと思っていました。家に時々やってくる聴者の手話（手指日本語）が正統だと思い込んでいました。テレビのワイプに挿入された手話通訳者の手話（手指日本語）も、両親のそれとはかけ離れていましたが、両親や自分が理解できないのはその手話（手指日本語）が非常に高等だからだと思っていたのです。そして、自分の親や親の友人たちの日本手話のことを、日本語ができないから、あんなふうにみっともないものになるのだと思い込んでいたのです。そして、口話が上手になれば手指日本語が話せるようになると信じていました。
　口話が上手にできる人は成功者、下手な人は敗北者という構図が、そのまま手指日本語のステータスの高さにつながったのです。

手話講習会では……

　手話奉仕員養成事業や手話通訳養成事業として行なわれる行政分野での手話講座をはじめ、カルチャーセンターの手話講座、手話サークル、大学などいろいろなところで手話が教えられていますが、その手話は手指日本語であることがほとんどです。
　外国語が上達するためには、そのネイティブスピーカーの講師に教わるのがよいと思うのですが、手話に限ってはネイティブ話者である聾者を横において聴者が教えることが多いのです。講師は聴者、聾者は助手という位置づけです。だからといって、講師は訓練されたプロフェッショナルな人というわけではありません。受講生にわかるように声で教えることができるからというのが大きな理由だと思います。
　外国語の講座でも、その言語のネイティブ話者でない日本人が教えるケースはもちろんあります。ノン・ネイティブだから教えてはいけないということではありません。ノン・ネイティブであっても、教えようとしているものがきちんとした目標言語であり、かつ訓練された教師であれば、ネイティブかノン・ネイティブかはあまり問題ではありません。むしろ、ノ

ン・ネイティブのほうが日本語で解説してもらえるから、なんとなく安心できる、という受講生側のメリットもあるでしょう。入門の段階でいきなりネイティブスピーカーに教えてもらうよりは、日本語が通じる相手に教えてもらったほうが安心できるという人もいるでしょう。

　しかし、手話講座においては、手話のノン・ネイティブが教えるものが、日本手話でなく手指日本語になってしまうのが問題なのです。受講生に対し、声を出しながら手も動かしているので、受講生も声を出しながら手話をするようになります。受講生にとってモデルとなる聴の先生が手指日本語を使っているのですから、受講生も手指日本語を使うようになるのは当然のことでしょう。

コード・スイッチ

　コード・スイッチ（code-switch）は場面によって使う言語や方言などの変種を変えることです。コード変換もしくはコード切り替えとも言います。
　聾者は場面や相手に応じてコード・スイッチすることが多く、それが原因で多くの誤解をもたらします。聾者のコード・スイッチは、口話（音声日本語）もしくは手指日本語へのふたつのタイプがあります。
　口話ができる聾者は1人でいくつもの言語にコード・スイッチしています。自分と同じ聾者や日本手話が堪能な聴者（あるいは手話通訳者）には日本手話、手話学習中や手指日本語しかできない聴者（あるいは手話通訳者）には手指日本語、手話のできない会社の同僚や自分の聴の親には口話というように。
　日本手話から手指日本語へのコード・スイッチが起きやすいのは、手話サークル、手話講習会などで手話を指導するときや、手話学習者や手話通訳者が多数参加する全国集会、式典などで人前で話すとき、いわゆるパブリックスピーチをするときです。また、相手が聴者であるとわかったとたんにコード・スイッチする人も多いようです。

普段の生活ではあまり口話をしない人でも、聾学校の恩師にばったり出会うと、つい口話にコード・スイッチしてしまい、声で話しだす聾者もいます。手話付き口話で話す人もいます。私もその一人でした。私の卒業した聾学校は厳格な口話主義で、幼稚部から中学部までの小さな学校です。聾学校を卒業して15年くらいしたころ、米国の知人（聾者）を聾学校に案内したときのことです。口話教育を厳しく受けた当時の先生にばったり会い、思わず口話で先生とやりとりし、米国の知人を驚かせたことがあります。そして、「あなたは、先生の前では自分が聾者であることを捨てるのか？」と言われてしまいました。その言葉は今も心に残っています。私は手話通訳養成という仕事を生業にしていることもあって、今後口話はしないと心に決めました。

聾者は、自分の言語圏にあるときは日本手話で話しますが、音声日本語圏では、さまざまなスタイルでコミュニケーションをとろうとします。口話、筆談、身振りなど、さまざまな方法を単発的にもしくは複合的に用います。

私の父は口話と筆談ができません。理容院の仕事をしていたころは、来客とは簡単な身振りと指さしでコミュニケーションをとっていました。お客様のほうも慣れると結構、簡単な用件なら身振りで伝えられるようになりました。ただ、少し複雑な注文や用件を身振りで伝えるには限界があり、そんなときは手話のできる聴の伯母が応対していました。父の場合、聞こえる人には身振りでコミュニケーションをとろうとします。

聾の弁護士で有名な田門浩氏は主に筆談です。口話をしない理由として、口話だと自分の話が相手に伝わりにくいし、相手も唇の動きが読めると思ってどんどん話し出すので、初めから筆談にしてもらったほうがよい、そのほうが確実にコミュニケーションが取れるから、と話していました。

聾者は手話ができる聴者を前にすると手指日本語に切り替えてしまうことが多いようです。手話通訳者にもコード・スイッチしてしまいます。手話通訳者とはいっても、日本手話でなく手指日本語を使うケースが多いので、聾者も思わず、手指日本語に切り替えてしまうのでしょう。相手が聴

者だということだけで手指日本語に切り替えてしまう聾者は多いのですが、話し相手がかなり流暢に日本手話を使っていると、しばらく話しているうちに日本手話に戻ることもあります。(→コード・ミキシング)

手話サークルや手話講習会でしか聾者に会ったことのない手話学習者は、コード・スイッチした聾者の手指日本語を「手話」だと思い込んでしまいます。初級程度の例文なら、手指日本語でも聾者と通じてしまいますので、「自分の手話は聾者に通じる」という誤解を与える原因にもなっています。

コード・ミキシングとコード・ブレンド

一方で、言語の混合という現象、コード・ミキシング (code mixing) があります。話し相手や状況に応じて言語を切り替えることをコード・スイッチといいますが、コード・ミキシングは、ふたつ以上の言語をひとつの文の中で、あるいはひとつの文から別の文への流れの中で言語の取り替えが行なわれることをいいます。つまり、ふたつ以上の言語が混ざっている状態をいいます。

例えば、フランス語圏で働いているスペイン女性2人が上司に対する不満を話しているという場面で、そのスペイン語による会話にところどころフランス語が挿入されるのはコード・ミキシングです。日本語と英語のバイリンガルが、"I wanna eat お好み焼きともんじゃ for lunch." というのも、コード・ミキシングの一例でしょう。

コード・スイッチとコード・ミキシングの関係については、コード・スイッチの結果、コード・ミキシングが起きるといえば、わかりやすいと思います。コード・ミキシングでみられる現象は、語レベルから文レベルまであります。

聾者の日本手話と手指日本語のコード・ミキシングの例として、「今日はとっても暑いね」という文を、日本手話で〈今日、とっても暑い〉とやってから、文末のみ「ね」と口話しながら、指文字の〈ネ〉をいれるようなものがあげられます。

もうひとつ、聾者のコード・ミキシングの例を紹介しましょう。

聾者：「だから〈ので〉」〈前　から　言う言う言う　何度も〉「でしょう〈同じ〉」
　　　（意味：だから、前から言っていたでしょう）
　　　　　　　　（注：「　」は口話と〈手単語〉が一緒、〈　〉は日本手話）

　以上のように、話し相手によりますが、聾者は知らず知らずのうちに日本手話と手指日本語のコード・ミキシングを行っています。
　日本手話と口話（日本語）を組み合わせたコード・ミキシングもあります。例として母と私の会話を紹介します。母が作ったビビンパを食べていたら、今度の秋に両親と弟が父の姉にあたる伯母と旅行する話になりました。そのときの会話です。

私：〈○○伯母さんと一緒に旅行するんだって〉
母：〈ええ、時間があれば、このビビンパを食べさせたいんだけどねえ〉
私：〈××（伯母の家）に寄る時間あるの？〉
母：〈でもねえ、ビビンパを食べてくれるかどうか。好き嫌いが……「激しい」
　　からねえ〉　　　　　　　　　　　（注：〈　〉は日本手話、「　」は口話）

　伯母がビビンパを食べてくれるかどうか心配したとたんに、〈好き　嫌い　とても〉と日本手話と表現できるところを、〈好き　嫌い〉とやってから、間をおいて、口話（日本語）で「激しい」と挿入しました。会話に出てきた伯母は日本手話がかなりできる人なのですが、聴者なので、私との会話に伯母のことが出てきたとき、母の口から思わず日本語が出てきたのでしょう。
　以上のように、日本手話話者同士でも、コード・ミキシングは起きます。日本手話も（書記）日本語も両方できる聾者同士の会話で、特にそれはよくみられます。日本語でいったほうがしっくりくるような時に、その語が日本手話の会話の中に口話（日本語）もしくは指文字で挿入されます。

アメリカ手話のできる日本手話話者同士の会話にもコード・ミキシングはみられます。

聾者A：〈この案はどうかしら？〉
聾者B：〈見せて〉。《いい考えね》、〈大丈夫だと思うわ〉
　　　　　　　　　（注：〈　〉は日本手話、《　》はアメリカ手話）

　ところで、コード・ブレンド（code blend）は、最近になって出てきた専門用語で、手話言語と音声言語が同時に出される発話を指します。音声言語同士（例えば、日本語と英語）、あるいは手話言語同士（例えば、日本手話とアメリカ手話）の組み合わせでは、一度にふたつの言語を出すことはできませんが、手話言語と音声言語の組み合わせでは、それが可能です。そのため、言語の切り替えを意味するコード・スイッチではなく、二言語の同時産出を意味する言葉として、コード・ブレンドという言葉が使われるようになりました。
　コード・ブレンドは、音声日本語と日本手話という組み合わせのみならず、音声英語と日本手話、音声日本語とアメリカ手話といった組み合わせでもみられます。以前、アメリカの手話通訳に関する学会のカクテルパーティに参加した時、英語も日本手話もできる知り合いが、英語を話しながら、手を動かしていました。よく観察してみたら、その手の動きは、日本手話の手単語を部分的にピックアップしたものでした。これも、コード・ブレンドの一例です。
　手指日本語は、コード・ブレンドといっていいと思います。聴者の手指日本語は、音声言語の声を出しながら手話を同時に出しています。聾者の場合は、声を出さずに口話で日本語を言う形のコード・ブレンドになることもあります。
　コーダ（ろう両親から生まれ育った聴者）のコード・ブレンドに関する研究では、コード・ブレンドには複数のパターンがあると言われています。日本の例で言えば、日本手話が中心となって日本語が同時産出されるコー

ド・ブレンドや、日本語が中心となって手話が同時産出されるコード・ブレンド、それぞれの言語が同じくらいの比率で同時産出されるコード・ブレンドなどがあるようです。コーダ同士の会話では、音声言語と手話言語の間でコード・スィッチして声の部分と手の部分が明確に別々に表されるコード・ミキシングもありますが、声と手の動きが同時産出されるコード・ブレンドもあります。また、聾者のように音声のない口話と手話の組み合わせになることもあれば、「このようにね」と声を出しながら〈手と足を使って棒を折り曲げる〉と手話をするといったコード・ブレンドもあります。1人でコード・ブレンドのさまざまなパターンを使うコーダもいるでしょう（また、コーダ同士の会話では、声を出さず、口話で会話し、口話だけではわかりにくいときは手話のNMMや手話の単語をパッとみせて話を進めることもあります）。

　ただ、ここで言っておきたいことは、同じ手指日本語でも、日本手話を習得していない聴者が用いる手指日本語と、日本手話と音声日本語のバイリンガルであることが多いコーダの手指日本語は同じではないということです。声と手を同時に出しているという点では同じなのですが、聴者の手指日本語は日本手話特有の文法が欠落しているのに対し、コーダの手指日本語は、日本手話の文法（NMM等）が保持されていることが多いからです。

手指日本語を先に覚えると……

　国立障害者リハビリテーションセンター学院・手話通訳学科の学生は、入学前の手話学習歴がまちまちです。まったく手話を習ったことのない学生から10年以上の手話学習歴をもつ学生までさまざまです。

　学院では、目標言語で目標言語を教える直接教授法の一つ、ナチュラル・アプローチ[*3]を採用しています。つまり、音声日本語を介さずに、日本手話で日本手話を教えます。ベテランの先生による指導で、夏休みに入るころには、日本手話による会話がスムーズにできるようになります。

しかし、先に手指日本語を覚えて入学した学生は、なかなか日本手話で会話できるようになりません。日本手話の習得に大変苦労します。これは中学校や高校で英語の勉強をしたのに、ネイティブの英語が聞き取れない、ネイティブのように話せないという問題とよく似ています。

　まず、音韻の問題があります。英語を母語としない日本人は、英語の「l音」と「r音」を区別するのに苦労すると思います。日本語の母語話者は「l音」と「r音」を区別しないので、right も light も同じように「ライト」と発音し、同じように「ライト」と聞こえてしまいます。これと同じことが手話にも起きているのです。

　手話言語を形づくっている要素は物理的な音ではありませんが、しくみを作っているという点では同じなので、手話の音韻構造という言い方をします。先に手指日本語を学ぶと、日本手話の音韻を身につけるのが難しくなります。

　先に手指日本語を身につけた学生は、まず音韻の問題にぶつかります。例えば、数字の〈20〉と指文字の〈ロ〉、〈病気〉と〈なんだ〉を区別できない。〈悪くない〉が〈悪い〉と〈ない〉とで構成されていることがわからない。〈魚が次から次へと死んだ〉が〈波〉や〈水曜日〉と見えたり、片手だけで表現された〈理由〉を〈行く〉と間違えたりする。手話の音韻的処理能力が身についていないために、聾者の手話を読みとれないという問題にぶつかるのです。

　彼らが次にぶつかるのは文法がわからないという問題です。第2部で詳しく取り上げますが、yes／no 疑問と wh 疑問の NMM（非手指標識）の区別ができないため、「田中さんですか？」（yes／no 疑問文）なのか、「田中さんは？」（wh 疑問文）なのか判断することができないという例もあります。

　最後に単語の問題があります。日本手話は日本語と異なる言語ですから、

＊3　ナチュラル・アプローチ：スティーブン D. クラッシェンとトレイシー D. テレルが提唱した直接教授法。

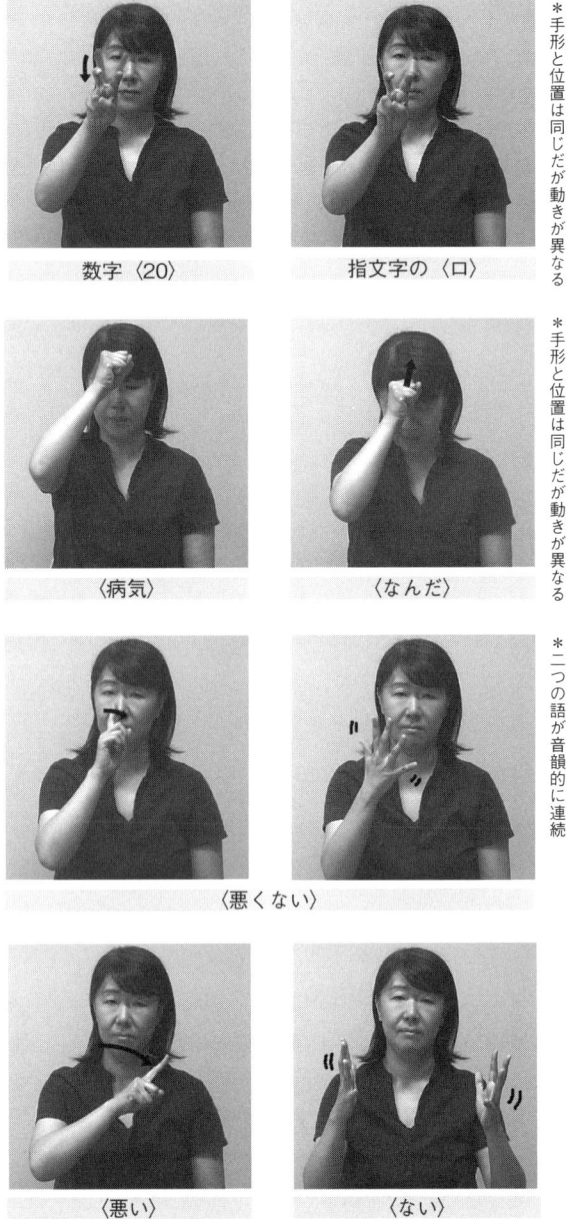

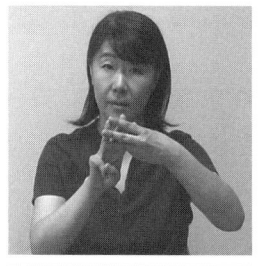

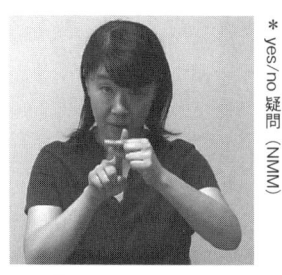

yes／no 疑問文〈田中？〉　＊yes/no 疑問（NMM）

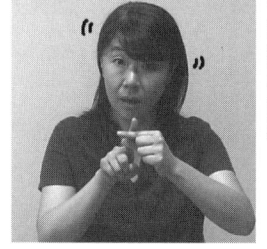

wh 疑問文〈田中？〉　＊wh 疑問のNMM

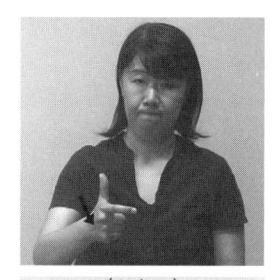

〈かたい〉

単語の意味用法も日本語とはずいぶん違っています。しかし、手指日本語を先に覚えた学生は、音声日本語の単語をそのまま手話の単語に置き換えて覚えているだけなので、手話の単語本来の意味用法を理解していないことがあります。

　例えば、「かたい」という日本語は、①「ココナッツの殻はかたい」、②「かたい握手をかわす」、③「口がかたい」、④「身持ちがかたい」、⑤「頭がかたい」など、意味用法はさまざまですが、そのうち、手単語（手話の

単語)の〈かたい〉と共通するのは①の「ココナッツの殻は<u>かたい</u>」、⑤の「頭が<u>かたい</u>」だけです。③の「口が<u>かたい</u>」に似た用法として、手話の場合、〈口を閉ざす、<u>かたい</u>〉という表現を選び、〈口、<u>かたい</u>〉とはやりません。手単語〈かたい〉の意味で、日本語にはみられないものとしては、⑥〈家、古い、<u>かたい</u>〉、⑦〈結婚、<u>かたい</u>〉、⑧〈車　30年　<u>かたい</u>〉などがあります。

　⑥は、例えば、数十年ぶりに訪れた自分の生家の佇まいに変化がないときなどに〈家、<u>かたい</u>〉となります。⑦は、数年で離婚するだろうと思われていた夫婦が予想に反して夫婦関係を維持している状態に対して〈結婚、<u>かたい</u>〉となります。あえて日本語に訳せば、「よくもっている」でしょうか。⑧は、同じ車を故障もなく30年も乗り回し、まだ現役状態であることに対し〈30年　<u>かたい</u>〉と感嘆するのです。

　言語が異なれば、音韻・文法・語彙の各体系も異なるのは当然のことです。手指日本語から先に入った学生は、日本手話の本来の音韻・文法・語彙体系を身につけるのに大変な思いをすることになります。ナチュラル・アプローチで授業を受けている間、手指日本語を頭から追いやり、上手に日本語の干渉を少なくできる学生もいれば、身についた手指日本語が手話習得の妨げになり、四苦八苦している学生もいます。

　一番よいのはまっさらな状態で先に日本手話を学ぶことだと思います。手指日本語はその後でも十分に間に合うでしょう。というのも、手指日本語は、前述したように日本語の変種ですから、日本語の母語話者であれば、手話の単語の知識とコツをつかめば、表出できるようになるからです。

手話の歌は実は手指日本語

　歌を歌いながら手話をしている人たちを見たことがあるでしょう。手話コーラス、手話歌という言い方のほかに、手話ソング、手話の歌、手話ミュージックとも言っているようです。本屋さんには、手話で歌が歌えるよ

うになるための本がたくさん並んでいます。「歌で手話を覚えよう」をキャッチフレーズにした本もあります。主に幼稚園や小学校の先生、手話サークル関係者に買われることが多いようです。

　手話のことをまったく知らない人にしてみれば、こんなにたくさんの手話の歌の本が出ているから、聾者の間でも手話の歌が一般的に歌われていると思うでしょうが、実はそうではありません。手話コーラスに参加する聾者もいますが、自発的にという人は少なく、ほとんどがサークルメンバーに誘われてというケースが多いのです。手話学習者に乞われて歌に出てくる日本語をどう手話にするかを指導する聾者もいると思いますが、教えるのは手話の単語だけです。音楽やメロディにあわせて手話の単語を表現しながら歌うのですから、それは厳密には手話の歌ではなく、「手指日本語の歌」なのです。中にはよく考えられた手話表現もありますが、メロディにあわせて振り付けされているので、聾者からみれば、あいつはいったい何を言っているんだい？　という状況になっています。

　残念ながら、手話の歌ができるようになれば手話がうまくなるということはありません。手話の歌は日本手話の文法を完全に無視していますので、手話の単語を覚えることはできるかもしれませんが、日本手話を勉強するためのツールとしてはお勧めできません。もちろん、手話の歌を歌えるようになっても、日本手話を話せるようにはなりませんし、聾者の日本手話も読み取れるようにはなりません。

手話スピーチコンテストの多くは手指日本語スピーチコンテスト

　外国人による日本語スピーチコンテスト、日本の高校生や大学生による英語スピーチコンテストなど、各地で外国語のスピーチコンテストが開かれています。手話も例に漏れず、手話スピーチコンテストが行われています。よくみられるのは手話サークルなどのイベントの一環として行われるものです。聾者もろう協会主催の手話スピーチコンテストに出場すること

がありますが、それはむしろ手話による弁論大会というようなおもむきもない訳ではありません。

　手話スピーチコンテストには大小ありますが、中でも一番知られているのは、朝日新聞社主催の「全国高校生による手話スピーチコンテスト」でしょう。私が大学生のとき1984（昭和59）年に始まり、25年以上の歴史があります。そのコンテストは、最初は大学生も出場していたのですが、1999（平成11）年から出場枠を高校生だけにしました。その理由には、音声日本語をつけないで手話だけでスピーチした大学生が相次いだことがあるかもしれません。

　「手話スピーチコンテストなのに手指日本語（当時は日本語対応手話と言っていた）になっているのはおかしい。大学生や高校生のスピーチが観客席にいる聾者に伝わっていない。スピーチがわかるのは音声日本語が耳に入る聴者だけという事実は問題だ」として、日本手話でスピーチする大学生が現れました。すると、手指日本語のスピーチのときは反応が悪かった聾者が、その大学生の日本手話によるスピーチには「よくわかった！」と大喝采しました。ところが、審査員に手話のできない聴者がいて「何も聞こえなかった」としてそのスピーチは審査の対象外となってしまいました。

　その数年後、日本手話でスピーチした2人目の大学生が現れました。ビデオ審査では手指日本語だったのに、本番のスピーチでは日本手話でした。そのため、「ルール違反」の一言であっさりと審査対象外となりました。その翌年あたりからでしょうか、大学生の部は廃止され、出場枠は高校生のみとなったのです。そして、コンテスト出場対象を「手話と音声を同時に使ったスピーチができる高校生」と明文化し、現在も続いています。

　大手新聞社が主催するコンテストですから、社会全体への影響力も大きく、出場者の高校生のみならず国民に「音声で話しながら手話をすること」が「手話」なのだという誤解を与えています。聾者は声で話すことができないから「声なしで手話」をするけれども、聞こえる人は声で話せるから「声付きで手話」をするという規範を新聞社が再生産することにもなると

思います。ここでも「手話は言語」というお題目はただの飾りと化します。

手指日本語は日本語獲得に役に立つか？

　手指日本語は、耳の聞こえない子どもの日本語獲得に役に立つか？　と問われれば、答えはノーです。手指日本語は口話とあまり変わりません。口話の理解（日本語で何と発話されたかを唇の動きで読み取る）を補助するためのツールとしては使えるかもしれませんが、あくまでも手指日本語は口話の延長に過ぎないのです。

　ろう教育の話になりますが、口話による教育もトータルコミュニケーション（以下、TC）による教育もその差はあまりなかったという研究報告があります。ここでいうTCは、教室にいる子どもの聴力損失程度や手話獲得のレベルに応じて、誰でもわかるように口話と手話を交えて話すという意味です（1967年にロイ・ホルコムによって提唱されたTCは、聾児のもつ個々のニーズにあわせて、ASLやSEE、指文字、読唇などを使うというものでしたが、現在では、口話と手話の同時的使用という意味に変わっています）。

　デンマークは、TCによる教育に失敗した反省から、1982年にバイリンガルろう教育を導入しました。聾の子どもたちが自然に獲得できるデンマーク手話を第一言語とし、そのデンマーク手話を土台に第二言語としての書記デンマーク語を獲得させるためのプログラムを導入し、大きな成功を収めました。このバイリンガルろう教育10年プログラムに参加した子どもたち10人のうち9人は大学に進学しました。デンマークの一般の大学進学率約60％と比較してみてもすばらしい成果を残しているということがわかるでしょう。

　このバイリンガルろう教育を受けたひとり、Sammyさんに会いました。彼女は、聴の両親から生まれ育っていますが、デンマーク手話、デンマーク語、英語、アメリカ手話、スウェーデン語、スウェーデン手話、ドイツ語を少しと驚くべきマルチリンガルです。両親や友人とはデンマーク手話

で語り、大学院では英語の書物を読み、デンマーク手話の通訳をつけて講義を受けたり、ゼミ仲間とディスカッションしているというのです。手話のできない友人とは筆談やメール、チャットなどで交友の輪を広げています*4。

　手指日本語は、日本語の例文を紹介するには有効かもしれません。その日本語の例文の構造や文法を説明するときは日本手話です。手指日本語で日本語を獲得できるというのは幻想でしかありません。何かの言語を媒介させるのでなく、その言語の読み書きリテラシー教育を充実させることが一番だと思います。

私が出演した番組について

　テレビなどにみる手話についてはどうでしょうか。

　私自身の話になりますが、1991年から3年間「NHKみんなの手話」に講師として出演しました。「ろうの講師を起用しないのはおかしい」という声に応えての起用だったと聞いています。当時のディレクターは、私に「声」をつけて手話をすることを要求し、私もその期待に応えようとしていました。NHKに出演する前の私は、聾者には日本手話で、聴者には口話か手指日本語で話していました。相手に応じてコードスイッチし、日本手話と手指日本語を使い分けていたのです。「NHKみんなの手話」は、手話の初心者向けの番組ですが、日本手話でなく手指日本語がモデルとなりました。もうひとりの聴の講師が日本語例文を手指日本語で解説し、私

＊4　2009年、デンマークでは乳児への人工内耳装着率が98％になってしまいました。人工内耳の装着成果をより高めるために手話のインプットは好ましくないとされ、聾学校ではなく一般校に入学する子どもが増えました。そのため、デンマークにはもはや聾学校はなく、バイリンガルろう教育も実施されなくなってしまいました。ちなみに、日本でバイリンガル／バイカルチュラル（2言語2文化）ろう教育を実践している聾学校は学校法人明晴学園だけです。

がその例文を手指日本語で示すというパターンでした。

　私が番組で日本手話の使用を主張し始めたのは、同じ年に東京で開催された世界聾者会議の後です。手指音声言語にコードスイッチせず堂々と自国の手話で話す聾者の姿に圧倒された私は、番組で日本の聾者の言語である日本手話を紹介しなければ、という思いにかられました。また、聾の視聴者から難聴者か通訳者と間違われていたことによるアイデンティティ・クライシスのためでもありました。

　しかし、ディレクターは「初級向けの番組に日本手話は難しい」と聞き入れませんでした。それが私に番組を降板する決意をさせました。「最初は学習の容易な手指日本語から始めて、徐々に聾者的な手話も導入する」というのが当時の手話講習会の支配的な考え方でした。つまり、初級から中級にかけては手指日本語で、上級になったら日本手話も少しずつ取り入れるという方法なのですが、それが成功した試しはありません（現在もそのスタンスを維持している手話講習会はあるでしょう）。

　「NHK みんなの手話」を降板してからちょうど1年後に、同じ NHK の手話ニュースキャスターに聾者として初めて抜擢されました。私以外の手話キャスターは 6 〜 7 人いたかと思いますが、全員、手指日本語でニュースを伝えていました。私が番組を見学した際の捨て台詞「今の手話ニュース（手指日本語）では聾者に全然伝わっていない。聾者も高齢者も外国人にも同時にわかるニュース作りというスタンスがそもそもの誤り。スタート地点ですでに誤った方向に向かっている」に対し、手話ニュースのディレクターは「それなら聾のキャスターを採用してやれ、日本手話とやらをやってみろ！」と私を採用しました。そのディレクターのおかげで、約 16 年を経た現在、聾のキャスターが増え、一部をのぞき、日本手話によるニュースを提供できるようになりました。

　現在、NHK には手話を扱う番組がいくつかありますが、「みんなの手話」や「ろうを生きる、難聴を生きる」では、聾者以外の人は手指日本語というケースもあります。

テレビなどがもたらす影響について

　「発声が上手にできない聾者は声なしで、発声ができる聴者は声付きで」というやり方はテレビ放送でもみられます。声なしの手話と声付きの手話に大きな違いがあるという事実があることなど思いもしないでしょう。「手を動かせば、声があろうとなかろうとそれは同じ手話だ」という理屈です。

　手話のできる聴者は必然的に手指日本語で語られることを強いられるし、また、それを当然のことのように受け止めている出演者もいるでしょう。それがテレビで放映されることで、「手を動かせば、声があろうとなかろうとそれは同じ手話だ」という間違った認識を視聴者に再生産させることになります。

　ドラマや映画にも同じことが言えます。これまでにたくさんの手話ドラマや映画が制作されましたが、ドラマの中の「手話のできる聴者」役には必ずと言っていいほど手指日本語でセリフを喋らせます。最近のドラマ放送に、コーダ役の子が親に向かって長々と手指日本語で語るシーンがありました。現実にはコーダが自分の聾の親に手指日本語で語ることはあり得ません。

　音声日本語と一緒に手話をやらせれば、スクリーンに日本語字幕を表示しなくてすむという算段もあるのでしょうか。

　手指日本語の場合は、声で話される日本語にあわせて、手単語を並べていくものが多い（手単語を並べるだけでなく、手話的な要素を取り入れたりする高度な「工夫」をしている人もいます）のですが、あるテレビ番組で、音声日本語をしゃべりながら、まったく別の（音声日本語と一致しない）手単語を繰り出している聴の司会者がいました。

■音声日本語「どんな支援を必要としているのかお伝えします」(字幕)

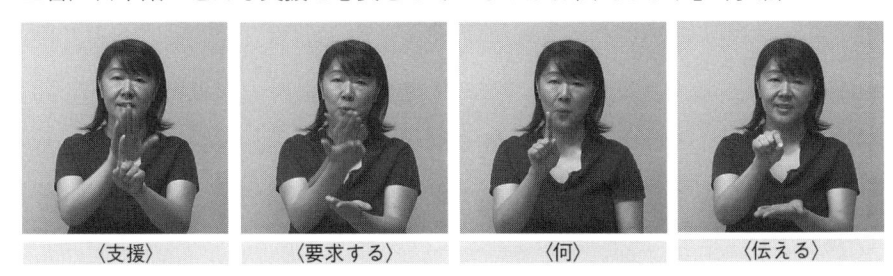

〈支援〉　〈要求する〉　〈何〉　〈伝える〉

　この司会者が表出したものは、手単語だけみれば、日本手話の語順になっていますが、NMM[*5]がないので手話文としては成立していません。それどころか、一般的な手指日本語よりわかりにくくなっています。

■一般的な手指日本語

〈どんな〉　〈支援〉　〈必要〉

〈〜か〉　〈お伝えする〉

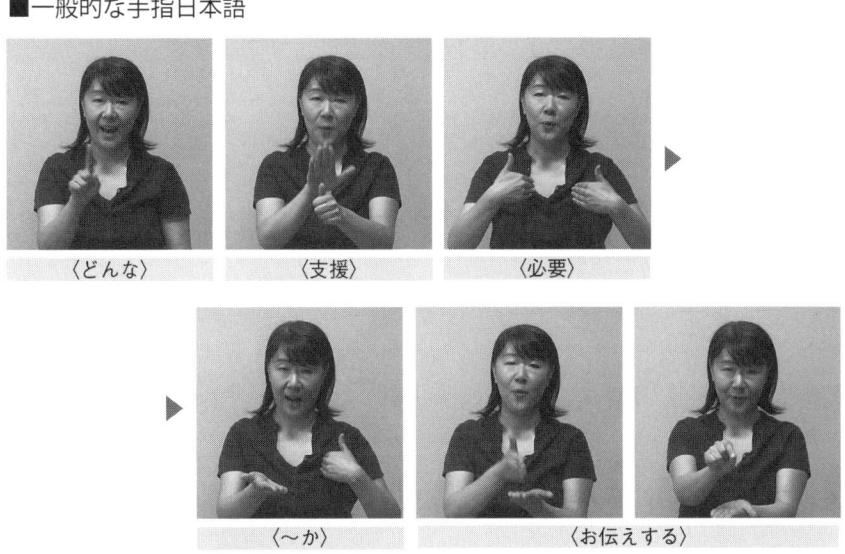

*5　NMM (Nonmanual markers, Non-Manual Marking)。日本語では「非手指標識」。眉、視線、上体、口等、手指以外で表現される文法要素。NMs (non-manuals)、NMS (non manual signals、非手指動作) という言い方もありますが、最近の手話言語学では、NMM という言い方に統一しつつあるようです。それにならい、本書も NMM とします。

第1部　日本手話と手指日本語（日本語対応手話）

　口では音声で話すけれども、手のほうはなんとか日本手話に近づけようと工夫したものだと思うのですが、逆にわかりにくくなっています。しかし、手話や聾者のことをまったく知らない人は、よもやその手話が聾者に通じないものだとは思いもしないでしょう。
　テレビは、大きな影響力を持ちます。以上のような間違った認識を視聴者に刷り込ませるようなことはしてほしくないと思います。

聾者の手指日本語と聴者の手指日本語の間には深い谷がある

　聾者はいつ手指日本語を使うのでしょうか。通常、聾者同士の会話は日本手話という人でも、手指日本語で話す場面はかなり多くあるものです。
　例えば、手話サークルです。手話サークルは、聴者が手話を学び、手話を通して聾者と交流する場となっています。しかし、その手話サークルの多くは手指日本語が主流です。日本手話で話す聴者はあまりいません（というよりも、日本手話を話せない人の方が多いのです）。手こそ動いていますが、日本手話ではないので、聾者も手話サークルでは手指日本語にスイッチしてしまいます。
　聾者が手指日本語を使ってしまう場面としてほかにどのような場面があるでしょうか。手話講習会で手話を教えるとき、手指日本語しか話せない手話通訳者や聾学校の先生に会ったとき、人前に出てスピーチをするとき、改まった場面で何かを話すときなどがあります。聾者の大会で司会をする聾者がふだんの日本手話でなく手指日本語になってしまうこともよくみられる光景です。
　このように、聾者も手指日本語を使うことがあります。しかし、聴者の手指日本語は声がついているのがほとんどですが、聾者の手指日本語は声がついていたり、ついていなかったりします。
　ところで、聾者の手指日本語と聴者の手指日本語は同じでしょうか。答

えはノーです。スーザン・フィッシャー（日本手話の研究者）は、「同じ手指日本語を使うにしても、手話に習熟したろう者がする場合と聴者がした場合と、そのふたつをくらべてみると、その間にはそれこそ深い谷があるのです」と指摘しています。つまり、「聴者的な手指日本語」と「聾者的な手指日本語」のふたつがあるといっていいでしょう。

聴者的な手指日本語は、音声日本語が優勢で、手単語がところどころ落ちていることが多く、手話のカナメであるNMMもありません。手こそ動いてはいるけれども、手話のイントネーションは失われていて、文章の形も何が話されているのか、その輪郭さえつかむことができなくなっているのです。

日本語は得意でも手指日本語は読めない

日本語の得意な聾者は、手指日本語で十分に通じるのでしょうか。答は否です。手話通訳の現場で、通訳者が勝手に「あの人は日本語ができるから対応手話（手指日本語）で大丈夫」と決めつけていることがあります。私もその一人にされているようです。しかし、手指日本語を読み取るにはかなりの労力を必要としますし、何と言っているかわかったつもりでいても実は違っていたということがよくあります。

手指日本語を読み取るのにかなりの労力を要するというのはどういうことでしょうか。日本語の読み書きがよくできる聾者の場合は、筆談もしますし、文字で書かれたものを読むのに難儀することはあまりありません。しかし、手指日本語の場合は、手話の単語を大量に借用していますが、日本語の助詞、助動詞、活用語尾、係助詞、終助詞、接続助詞などにあたるものが抜けています。日本手話では、これらのほとんどはNMMで表現されるため、手話の単語としては存在しないからです。また、手指日本語では「開く・開ける」のような自動詞・他動詞の区別ができません。同じように「きれい・きれいな」のような形容詞・形容動詞の区別もできませ

ん。そのため、手指日本語を目だけで解読するには、借用された手話の単語の羅列から文意を推測するだけでは足りず、読唇の技術も必要になります。補聴器で補う場合もあるでしょう。その場の情報や前後の文脈がないと、話の内容を読み取るには大変な苦労が伴います。それでも、口話だけのときと比べたら、手指日本語のほうが楽かもしれません。だから、聾者のほとんどは手指日本語に対し寛容です。

　挨拶程度や簡単な内容であれば、手指日本語でも通じるかもしれません。けれども、少し込み入った内容になるととたんに通じなくなることはよくあります。その場ではお互いになんとなく通じているように思えたのだけれども、後になって実は話が食い違っていたということもあります。

　聾者と聴者双方が参加して手話通訳制度について議論するような場を想像してみてください。そこでは、聴者のほとんどが手指日本語でしゃべります。聾者は日本手話だったり、コードスイッチして手指日本語（口話付き手話）でしゃべったりしますが、聾者は熱が入ると自然に日本手話になります。日本手話が、一番楽に扱える言語だからです。

　聴者の手指日本語にも上手、下手があります。不思議なことに同じ手指日本語でも下手なほうが聾者になんとなくわかるということがあります。下手だと話す速度もゆっくりですし、聾者にわかってもらおうという気持ちも多分に残っているので、聾者のほうも見てやろうという心情になるのかもしれません。ところが、上手な人になると口も達者ですし、手もスムーズに動きます。手指日本語が上手になればなるほど、話す速度も早くなります。聾者は表出された手単語を手がかりに口ではなんと言っているのかを読みとるのですが、手指日本語がスムーズになればなるほど、なんと言っているのか、読みとりにくくなります。口話と表出された手単語をもとに頭の中で日本語の文章に組み立てる作業をしますが、それも難しくなります。挨拶程度や簡単な会話であれば対応できるかもしれませんが、講演や議論には不向きです。

　手指日本語による通訳と文字による通訳（パソコンによる文字通訳）の

どちらか選べといわれたら、書記日本語のよくできる聾者は文字通訳のほうを選ぶでしょう。

日本手話で話がしたいのに……

　私の学校の学生は入学当初から日本手話を学んでいて、教室の中でも外でも日本手話です。手話のできない人とは手指日本語でなく音声日本語で話します。中には入学前の経験から、つい手指日本語で話しだす学生もいますが、卒業する頃には、日本手話と音声日本語のふたつを場面に応じて使い分けられるようになっています。

　ところが学校の外に出ると、よく「声をつけろ」と言われます。実習先で日本手話で自己紹介しようとしたら「手話のわからない職員もいるので、声をつけて！」と言われて戸惑ってしまったという学生もいました。同じような場面でも、もし実習生が聾者だったら、声をつけて話すことを強要されることはなく、手話のわからない職員のために手話のできる職員が通訳すると思います。つまり、「聾者の日本手話は通訳するけれども、聴者の日本手話は通訳しない。聴者は声と一緒に手を動かせるから通訳しなくてすむ方法をとってもらえればいい」ということになるのです。

　10数年前になりますが、ある県の登録手話通訳団が「聴者の手話は読み取り通訳しない！」と宣言しました。「私たちは聾者のために通訳するのであって、聾者のふりをする聴者のために通訳するのではない」というのが彼らの主張でした。つまり、声を出さないで手話をすることは聾者のふりをしているのであって、その手話が日本手話であるということについては注意を払わなかったのです。

　最近になって、パブリックな場面でも日本手話で話そうとする聴者が増えてきたためか、ある集会の、通訳が用意されていなかった分科会では、記録係の聴者が「声をつけて発言してほしい」と参加していた聴者に要請していました。手話を見ながらの記録でなく、耳から入ってくる音声日本

語で記録をとろうとしたのでしょう。聴の参加者が日本手話で話しだそうとするたびに、「聞こえないから声をつけてください」と何度も言っていました。それに対し、「声をつけるとわからなくなるから日本手話で話してください」という聾者はいませんでした。声をつけることによってとたんに話がわからなくなることに対する不満については誰も口にできないのです。口にするには大きな勇気がいるのでしょう。

　手話に声をつけて話すことが、聞こえる人、すなわち聴者にとって「規範」であるとする風潮がいまでも根強く残っているのです。

手指日本語はリンガフランカとして機能できるか

　日本手話話者はたった数万人しかいないのだから、聾者と聴者を結ぶコミュニケーション手段としてもっと手指日本語を普及すべきだという意見があります。つまり「手指日本語をリンガフランカとして使いましょう」という主張です。

　リンガフランカとは、簡単に言ってしまえば共通語のことです。共通の母語を持たない人同士の意志疎通に使われる言語のことをいいます。リンガフランカと聞くと多くの人は英語を連想するでしょう。異なる言語を話す者同士が意志疎通を図るのに英語が使われることはよくあります。最近はスカンジナビアの言語話者の間でも、英語がリンガフランカとして使われ始めているようです。デンマーク語、スウェーデン語、ノルウェー語は相互理解が可能な言語だとされていましたが、年齢が下るにつれて相互理解できるだけの理解力が欠如し、今やスカンジナビアの若い人の間ではリンガフランカとして英語が話されています。

　話をもとに戻して、手指日本語は、実態としてはすでにリンガフランカとして使われているといってよいでしょう。聾者と聴者が多く集まるような場でのリンガフランカは手指日本語であることが多いのです。聾者は聴者に対してコードスイッチ、すなわち、日本手話から手指日本語に切り替

えてしまいます。聾者同士の会話は日本手話であっても、そこに手指日本語を話す聴者が入るとたちまち手指日本語にシフトしてしまうことがよくあります。でも、聾者にとって手指日本語は、日本手話ほど流暢に扱えるものではないので、会話に熱が入ると気づかないうちに日本手話に戻っているのですが、聴者の存在にふと気づくとまた自動的に手指日本語に切り替わることはよくあります。フォーマルな場面、例えば、式典やスピーチなどで手話サークルや手話通訳団体の代表が手指日本語で話すのは珍しくありません。手指日本語でスピーチする聾者もいるかもしれません。

　リンガフランカは、共通の母語を持たない人同士が意思疎通を図るために使われるものです。日本手話を母語とする聾者と日本語を母語とする聴者の間で使われる共通語、すなわち、リンガフランカを「手指日本語」とすると仮定しましょう。

　聴者は手単語を覚えるだけで手指日本語が話せるようになります。手単語を覚える大変さはありますが、いったん覚えてしまえば、日本語の構造に従って手単語を表現していけばいいのです。

　一方、聾者はどうでしょうか。手話ができるから手指日本語は簡単にできそうにみえますが、実のところ、そうではありません。手単語に限れば、聾者のほうがたくさん知っているでしょう。しかし、日本語の単語にすぐに置き換えることができない手単語は手指日本語では使えません。手指日本語で用いられる手単語は実は限定的です。聾者は手を動かしながら口話をします。口話は手話ではありません。日本語です。

　リンガフランカは、共通の母語を持たない人同士のコミュニケーションツールとして、別の言語を使うことをさすのですが、聴者の手指日本語は自分の母語を手指で表現したものになり、リンガフランカとして適切ではないと言えます。事実、聴者の手指日本語は、音声日本語がつくので、たとえ、その場に手話ができない聴者がいても通訳なしに理解することができます。また、聴者の参加が多い手話サークルが終わった後の飲み会などでは手指日本語が使われることが多いのですが、気がつけば、聴者は聴者

で固まり、聾者は聾者同士で固まって話しているということがよくあります。聴者は聾者の日本手話を理解しようとせず、聾者は聴者の手指日本語についていけないからです。

　手指日本語では、聾者と聴者は対等に議論することができません。聾者からみれば、聴者の手指日本語は、手単語を手がかりに口話を読み取っているようなものですから、日本語の文章の解読に骨が折れる上に、発話者の交代があったことに気づかないことも少なくありません。発話の交代や割り込みも音声が優先されるからです。

　以上のように、聴者の手指日本語は自分の母語を手指で表現したものですから、リンガフランカとして適切ではないと言っておきたいと思います。

第2部
実例編

［実例編の見方］
手単語もしくは手話文は〈　〉、日本語単語もしくは日本語文は「　」、マウスジェスチャー（手話特有の口型）は《　》で表現しています。

第1章
基本文

> 手指日本語にはNMM（非手指標識）がない！

　聴者の手指日本語はNMMがないことが多いです。ろう者から「顔に表情がない」と言われたことはありませんか？

　通訳経験が長ければ長いほど、まさに手指日本語の「口八丁手八丁」になりますが、ろう者にはほとんど伝わっていません。けれども、あまりの口八丁手八丁ぶりに、ろう者にメッセージが伝わっていないという事実を誰も指摘しなくなります。見かけ上は声を出しながら手がスムーズに動いているからです。でも、その人の顔をよく見ていると、NMMがないことに気づきます。話者の気持ちを表す表情や感情は出ていても、手話の文法機能を表すNMMは出ていないということに気づくべきでしょう。

　NMMとは、手指以外の動作で文法的機能をもつものをいいます。具体的には、眉の上げ下げ、目を大きく見開いたり細めたりする動作、視線、あごの動き（上・下・前・後）、マウスジェスチャー、肩を広げたりすぼめたりする動作等です。NMMが単一で使われることはあまりなく、実際はいくつかのNMMを組み合わせて用います。

　NMMは2章以降にも出てきますが、1章では基本的なことを説明したいと思います。以下、いくつかの例をあげます。

1-1　yes／no疑問文

　相手に「はい」なのか「いいえ」なのか答えてもらうyes／no疑問文（真偽疑問文）は、日本手話ではNMMで表現されます。yes／no疑問文では、眉を上げ、最後の単語（文末に指さしがある場合は、その前の単語）でうなずく（あごをひいてすぐに戻す）か、あごをひいたまま答えを待ちます。

第1章　基本文

yes／no 疑問の NMM：眉は上げ、あごはひく

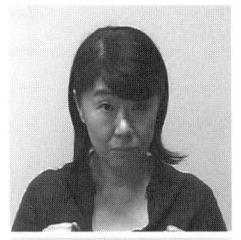

yes／no 疑問の NMM

山田さんはいますか

■日本手話例文〈山田　いる？〉

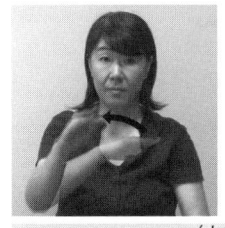

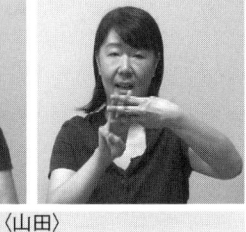

〈山田〉 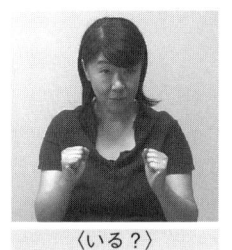　　　　　　　　　　〈いる？〉

○手指日本語例文〈山田　男　いる　か〉

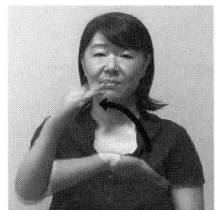

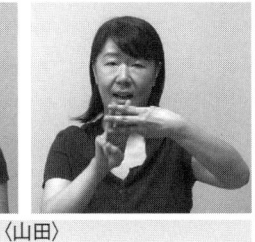

〈山田〉 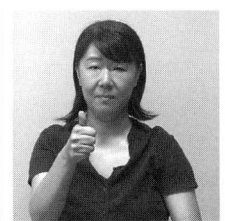　　　　　〈男〉（さんは）

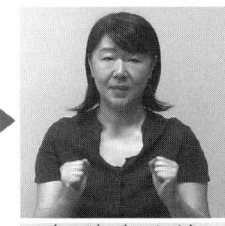

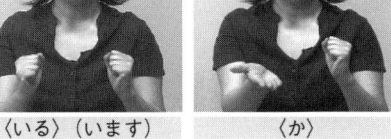

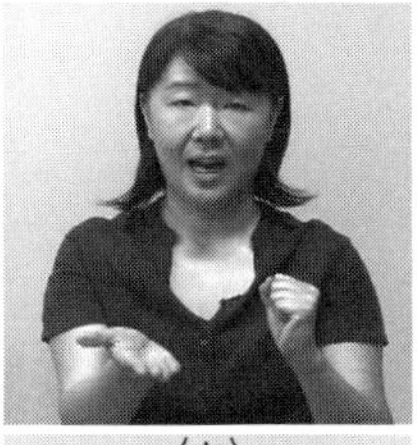

〈いる〉（います）　　〈か〉

手指日本語では、「山田さんはいますか」と話しながら手単語を並べます。日本手話と違う点は、〈〜か〉にあたる手単語が使われることです。写真からもわかるように疑問のNMM（眉上げ、あごをひく）がありません。「〜さんは」の部分は口（音声）だけですが、もし、厳格な手指日本語（Signed Exactly Japanese）にしたい場合は、山田の属性（性別）を表す〈男〉もしくは〈女〉の手単語を出しながら、口（音声）で「さん」と発話します。「は」は指文字の〈ハ〉を使います。ただ、厳格な手指日本語が日常的に使われることはあまりありません。

（参考）厳格な手指日本語の場合の例文〈山田　男　は　いる　か〉

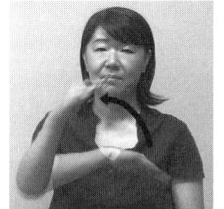

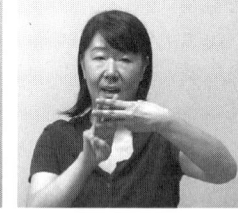

〈山田〉 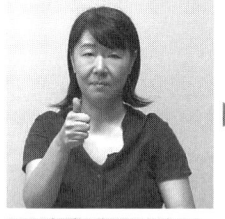　　　　　　　　　〈男〉（さんは）

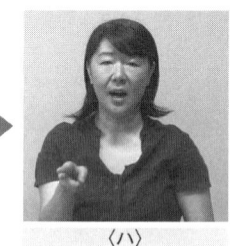

〈ハ〉 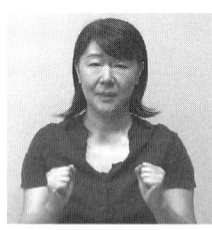　　〈いる〉（います） 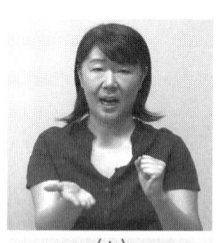　〈か〉

聞いていませんか？

■日本手話例文〈聞く　ない？〉

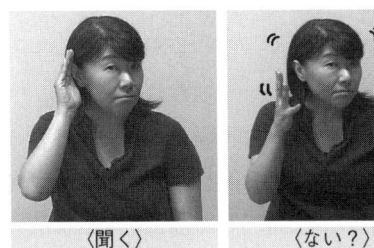

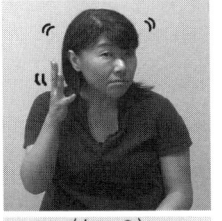

〈聞く〉　〈ない？〉

○手指日本語例文〈聞く　ない　です　か〉

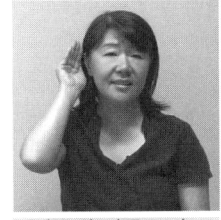

〈聞く〉（聞いて）　〈ない〉（いま-）　〈です〉（-せん）　〈か〉

　手指日本語では「聞いていませんか？」と話しながら手単語を並べます。日本手話では、手単語〈ない〉に（～ない）の意味をもつ否定のNMM（小さなくびふり）とyes／no疑問のNMMが同時に現れます。

　上のような否定の疑問文に対する答えも日本手話と手指日本語では異なります。手指日本語では、「ええ（はい）、聞いていません」と言いながら、手単語〈聞く　ない〉と答えます。

　日本手話では、2通りの答え方があります。ひとつは手指日本語と同じで、うなずいた後に〈聞く　ない〉と答えるタイプのものと、もうひとつは「～ない」の意味をもつNMM（くびふり）をした後に〈聞く　ない〉と答えるタイプです。

第2部 実例編

ええ、聞いていません

■日本手話の例1

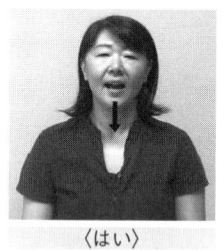

〈はい〉 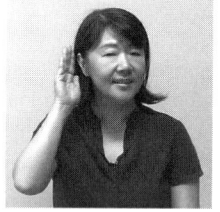　〈聞く〉 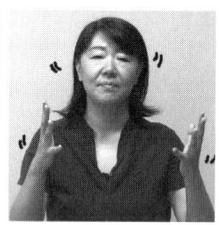　〈ない〉

■日本手話の例2

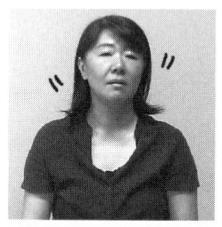

〈いない〉のNMM 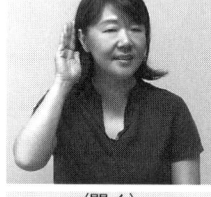　〈聞く〉 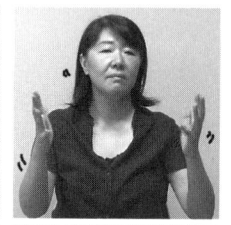　〈ない〉

○手指日本語の例

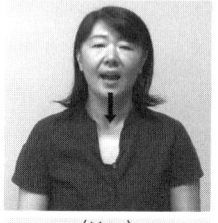

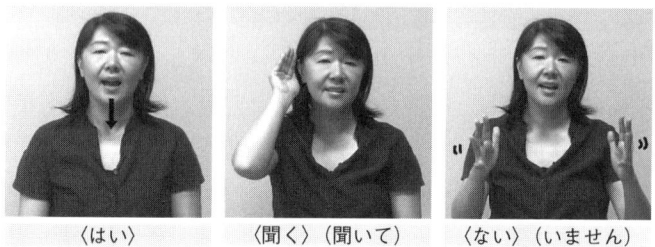

〈はい〉 　〈聞く〉（聞いて）　〈ない〉（いません）

いいえ、聞いています

■日本手話の例

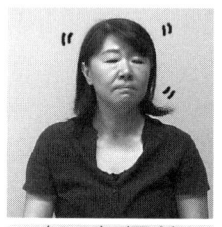

〈NMM〉（否定） 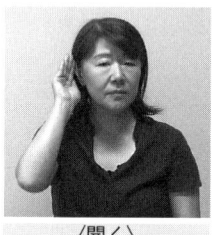　〈聞く〉 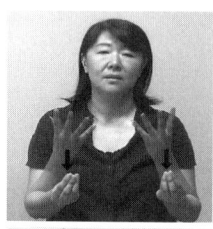　〈終わり pa〉

○手指日本語の例

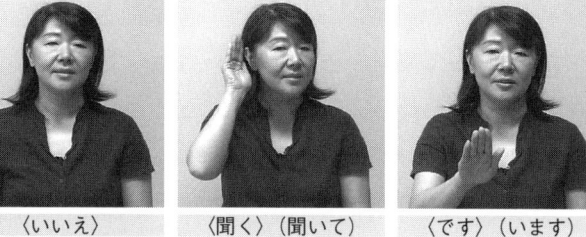

〈いいえ〉　〈聞く〉（聞いて）　〈です〉（います）

　答えが no の場合でも、手指日本語では〈～ある〉となるのに対し、日本手話では、過去形〈終わり pa〉をとります（詳しくは第2章を参照）。

1-2　wh 疑問文

　「どこですか？」「いつですか？」というような、何らかの説明を求める疑問文は wh 疑問文と呼ばれます。日本手話の wh 疑問文は、〈何〉、〈いつ〉、〈誰〉、〈理由〉、〈場所〉、〈方法〉、〈得意〉のような手単語と一緒に wh 疑問を意味する NMM が一緒に表現されます。wh 疑問文の一般的な NMM は次のようになります。すなわち、眉は上げるか下げるかし、あごは前方か斜め前方に突き出すようにします。さらにあごを左右に小刻みにふったあとうなずく（すぐにあごを戻す）か、あごを突き出したまま相手の答えを待ちます。

wh 疑問文〈何？〉の NMM：眉は下げ、あごを前に突き出し左右に小刻みにふる

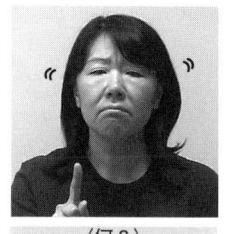

〈何？〉

第 2 部 実例編

wh 疑問文の NMM：眉は上げ、あごを前に突き出し左右に小刻みにふる

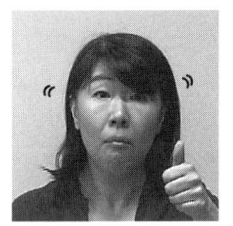

wh 疑問の NMM

どうして彼は仕事をやめたのですか

■日本手話例文〈彼　仕事　辞める、理由？〉

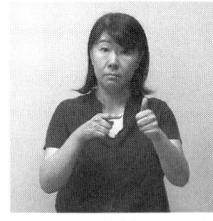

〈彼〉 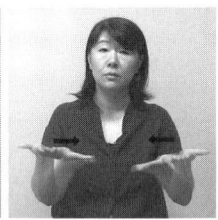　　〈仕事〉 　　〈辞める〉 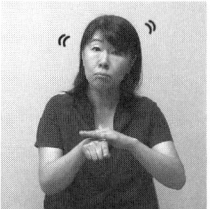　　〈理由？〉

○手指日本語例文〈理由　彼　仕事　辞める　か〉

〈理由〉（どうして） 　〈彼〉（彼は） 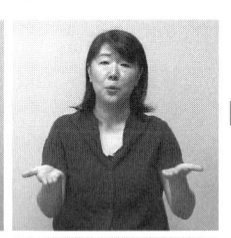　〈仕事〉（仕事を）

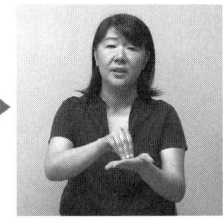

〈辞める〉（辞めました） 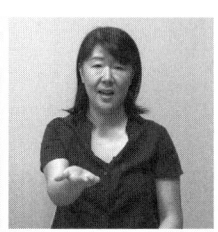　〈か〉

日本手話のwh疑問文では疑問詞が最後にくることが多いのですが、手指日本語では音声日本語と同じ語順になりますので、疑問詞が文頭にくることが多いようです。もちろん、〈どうして（理由）〉は文中のどの位置にきてもかまいません。あごを左右に小刻みにふるというNMMは現れず、〈～か〉が使われます。
　日本手話では疑問詞〈どうして〉がなくても、疑問を意味するNMMが文最後の手単語〈辞める〉にかかっていれば疑問文であることがわかります。

（参考）日本手話例文〈彼　仕事　辞める？〉

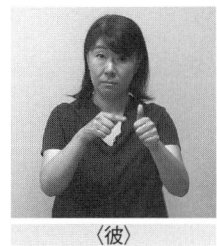

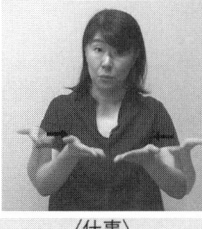

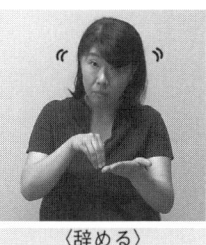

〈彼〉　　〈仕事〉　　〈辞める〉

　音声日本語では「～か」を文末にいれなくてもイントネーションで疑問文であることを示すことができます。例えば、「彼は」とだけ発話してもイントネーションによって疑問文「彼はどこにいますか」であることがわかるのです。手指日本語ではさすがにイントネーションにあたる手話の語を出すことはできないので、次ページのように表されることが多いようです。

彼はどこですか

■日本手話例文〈彼〉

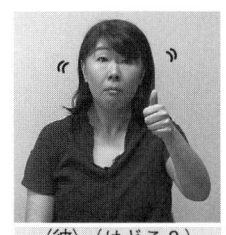

〈彼〉（はどこ？）

第 2 部　実例編

　日本手話では〈どこ〉という手単語を表現しなくても、疑問を意味するNMMがあれば疑問文であることがわかります。

○手指日本語例文〈彼　どこ〉

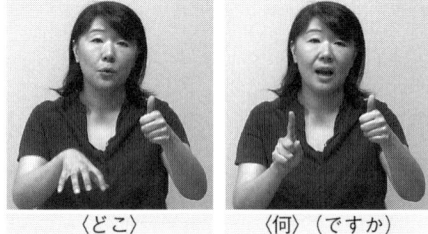

〈彼〉　　〈どこ〉　　〈何〉（ですか）

　手指日本語では、疑問を意味するNMMは表現されていないのですが、〈どこ〉という手単語を表現しながら音声では「は？」とイントネーションをつけることが多いようです。そのため、このイントネーションが耳から入らないろう者は往々にして質問されていることに気づかないことがあります。

1-3　NMMがない例（過去形）

　1-2の手指日本語例文〈彼　仕事　辞める？〉が現在のこと（辞める）なのか、過去のこと（辞めた）なのかを区別するには、口元を注視しなければなりません。

　手単語は〈辞める〉だけですが、音声では「辞めます（辞める）」もしくは「辞めました（辞めた）」と言っているので、聴者は耳から入る音声情報（音声日本語）を元に区別できますが、ろう者は口元を見なければ区別できません。それはつまり、リップリーディング（読唇）をしなければならないということで、ろう者にしてみれば大きな負担を強いられることになります。

　その負担を軽減する手立てとして、過去形を示す〈～た〉もしくは〈終わり〉を動詞の後につける場合があります。

辞めました

○手指日本語例文〈辞める　〜た〉

〈辞める〉（辞め-） 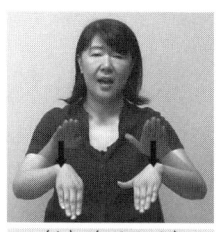　〈た〉（-ました）

○手指日本語例文〈辞める　終わり〉

〈辞める〉（辞め-） 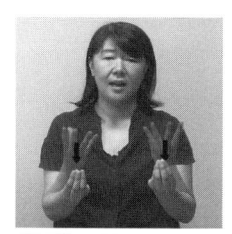　〈終わり〉（-ました）

　日本手話では過去形をどう表現するのでしょうか。これも実はNMMで表現されます。手話特有の口型（マウスジェスチャー）はNMMのひとつです。過去形はマウスジェスチャー《pa》が動詞と一緒に表現されます。

（参考）日本手話例文〈辞める＋《pa》〉

　写真ではわかりにくいと思うのですが、口に注目してください。マウスジェスチャー《pa》です。

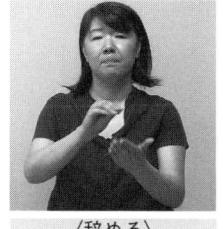

〈辞める〉 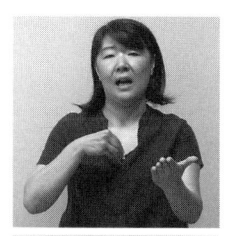　NMM《pa》

もちろん〈終わり〉という語を助動詞として用いて、マウスジェスチャー《pa》は〈終わり〉と一緒に表現する場合もあります。

（参考）日本手話例文〈辞める　終わり〉

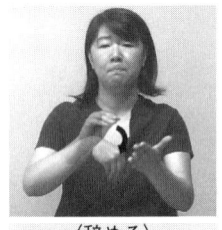

〈辞める〉　　〈終わり（pa）〉

〈〜た〉を用いる場合は、マウスジェスチャーは《cha》となります。写真では《pa》も《cha》も同じように見えますが違います。

（参考）日本手話例文〈辞める　〜た〉

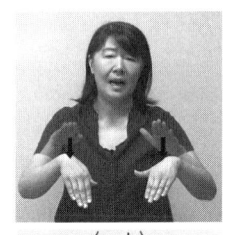

〈辞める〉　　〈〜た〉

1-4 NMMがない例（非手指副詞1）

副詞は用言（動詞・形容詞・形容動詞）を修飾することばです。日本手話では、副詞はNMMで表現され、動詞や形容詞等と一緒に表現されます。しかし、手指日本語では、手単語を用いるので動詞や形容詞の前に副詞を入れます。音声日本語と同じです。いくつか例を挙げます。以下は状態を示す副詞です。

第1章　基本文

一生懸命に働く

■日本手話例文〈働く〉+NMM（一生懸命に）

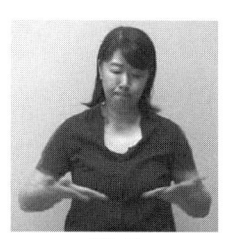

〈働く〉

○手指日本語例文〈一生懸命に　働く〉

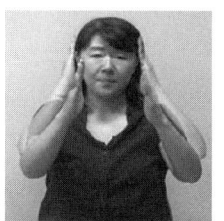

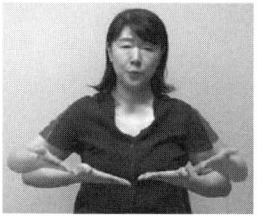

〈一生懸命に〉　　〈働く〉

適当に働く

■日本手話例文　〈働く〉+NMM（適当に）

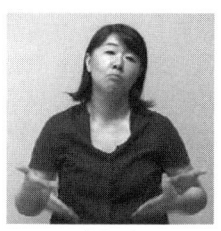

〈働く〉

○手指日本語例文　〈適当に　働く〉

〈適当に〉　　〈働く〉

第2部　実例編

必死に働く

■日本手話例文　〈働く +NMM 必死に〉

〈働く〉

○手指日本語例文　〈必死に　働く〉

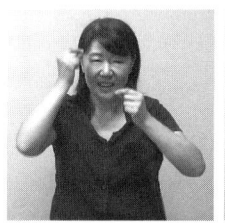

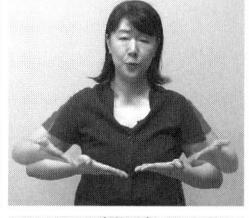

〈必死に〉　〈働く〉

問題なく働く

■日本手話例文　〈働く〉+NMM 問題なく

〈働く〉

○手指日本語例文　〈問題なく　働く〉

〈問題〉　〈なく〉　〈働く〉

手指日本語では副詞のあとに動詞が表現されますがNMMはありません。手指日本語話者の中には、例えば「必死に働いた」という文でまさに必死の形相を示す人がいますが、その形相は身振り的、芝居的でNMMではありません。

　NMMで表現される副詞のことを非手指副詞といいますが、そのうちマウスジェスチャーで表現されるものは写真のように、《mm》（一生懸命に）、《舌を少し出す》（適当に）、《ii》（必死に）、《口をすぼめる》（問題なく）等があります。

　動詞も非手指副詞によって動きが変わります。つまり音韻的な変化が生じ、語形変化が起きます。手指日本語では語形変化はみられず、単調な動きを示すだけです。

1-5　NMMがない例（非手指副詞２）

　日本語で「非常に」や「とても」「かなり」という程度を示す副詞を手指日本語では、〈とても〉という手単語を使い、音声で「とても」「非常に」「かなり」と言うことが多いようです。

非常に美しい

■日本手話例文　〈美しい〉＋NMMとても

〈美しい〉

　日本手話では《とても》のNMMと〈美しい〉が一緒に表現されます。写真の口元を注視してください。口を一文字に結んだようにみえます。動きについては、写真ではわかりにくいですが、いったん静止したあと大き

くゆっくり表現されます。

○手指日本語例文〈とても　美しい〉

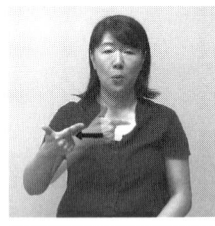

〈とても〉（非常に）　〈うつくしい〉

「非常に美しい」を手指日本語では、手単語は〈とても〉で音声は「非常に」と発話し、そのあとに〈美しい〉とやります。

とても賢い犬だ

■日本手話例文〈賢い　犬〉

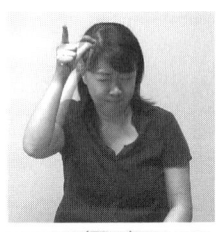

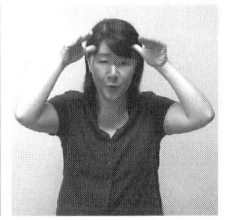

〈賢い〉　〈犬〉

○手指日本語例文〈とても　賢い　犬〉

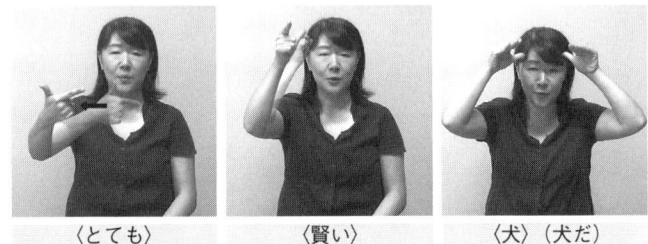

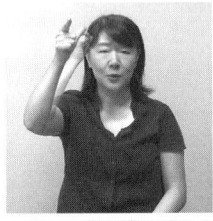

〈とても〉　〈賢い〉　〈犬〉（犬だ）

手指日本語では語順通りに〈とても〉〈賢い〉〈犬〉と音声で話しながら

手話をやり、文末の「〜だ」については音声のみで表現されるでしょう。「〜だ」を指文字で表現する場合もあります。NMM はありません。

　日本手話では、〈賢い〉の部分に NMM〈とても〉がかかり、上の例文〈美しい〉と同じように手の動きについてはいったん静止した後ゆっくり大きく、最後には張りが伴う動きをします。

かなり電車が遅れている

■日本手話例文〈電車　遅れる　文末指さし〉

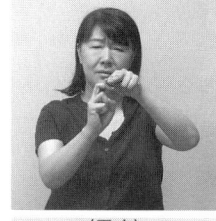

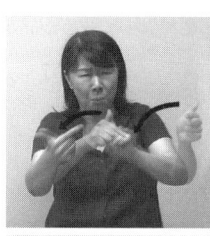

| 〈電車〉 | 〈遅れる〉+NMM かなり | 〈文末指さし〉 |

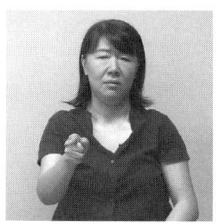

○手指日本語例文〈電車　とても　遅れる　です〉

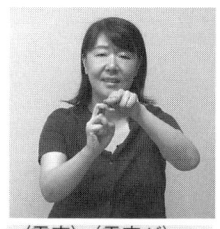

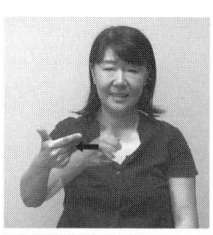

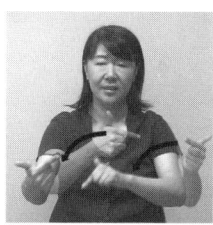

| 〈電車〉(電車が) | 〈とても〉 | 〈遅れる〉(遅れて) | 〈です〉(いる) |

　「かなり」とは、物事の程度が「非常に」「とても」ほどではないけれども、平均以上であるという意味です。しかし、手指日本語では、「かなり」の部分も手単語〈とても〉が用いられ、音声で「かなり」と発話します。「とても遅れている」も「かなり遅れている」も見かけ上では変わりない表現になってしまうので、そこで代替手段として〈とても〉を〈少し〉におきかえ、音声では〈かなり〉とする人もいますが、これには多少無理が

あるような気がします。

　日本手話では、〈遅れる〉の部分に「かなり」の程度に相当する NMM が伴います。手の動きも〈とても〉のときと比べ全体的に若干小さくなります。

（参考）日本手話例文〈遅れる〉　+NMM 非常に

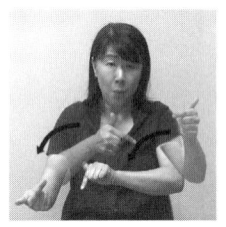

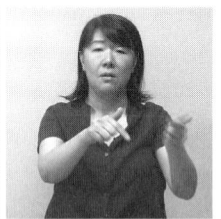

〈遅れる〉

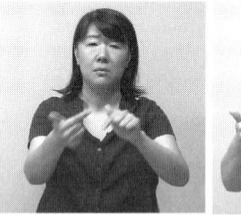

　同じ語でも〈遅れる〉の部分にどんな NMM がかかるかで程度の大きさが変わってきます。上の例文は「非常に」という意味の NMM がかかっている例です。

（参考）日本手話例文〈電車　遅れる、とても〉

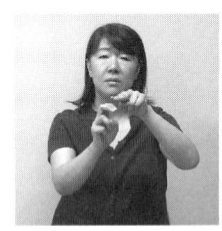

〈電車〉　　　　　　　　〈遅れる〉　　　　　　　　〈とても〉

　上の日本手話例文のように〈とても〉が文末におかれることがあります。この場合の NMM は眉をひそめるか眉を上げ、マウスジェスチャーは《oo》となります。眉ひそめと眉上げの違いについてですが、眉ひそめは話者の主観的な感情が入り、眉上げについては客観的な事実を述べようとするときではないか、と考えています。

1-6　NMM がない例（非手指副詞 3）

程度や大小、軽重を表す程度副詞については、日本手話の場合、NMM で表現されます。

背がとても高い

■日本手話例文〈背が高い〉+NMM とても

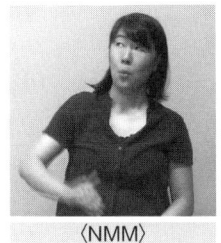

〈NMM〉　〈背が高い〉

○手指日本語例文〈背　とても　高い〉

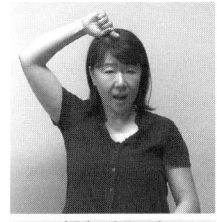

〈背〉（背が）　〈とても〉　〈高い〉

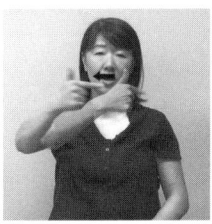

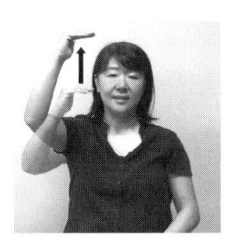

背がとても低い

■日本手話例文〈背が低い〉+NMM とても

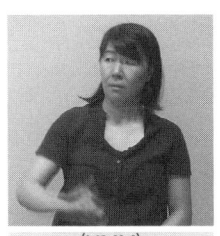

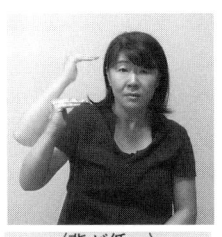

〈NMM〉　〈背が低い〉

○手指日本語例文〈背　とても　低い〉

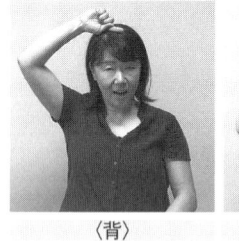

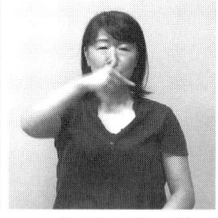

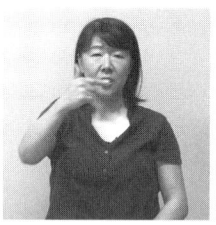

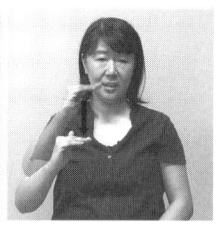

〈背〉　　〈とても〉　　〈低い〉

> 駅から非常に遠いところに家がある

■日本手話例文〈家　駅　指さし〉

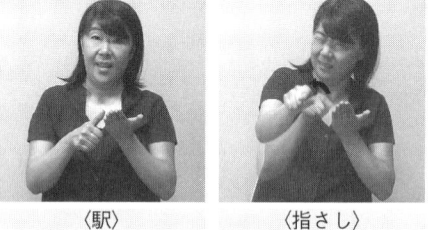

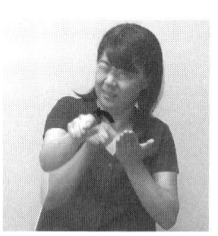

〈家〉　〈駅〉　〈指さし〉

○手指日本語例文〈家　駅　から　遠い　です〉

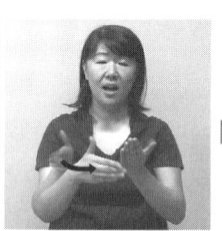

〈家〉〈家は〉　〈駅〉　〈から〉

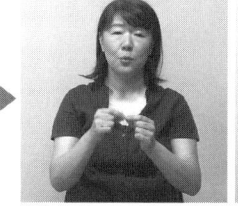

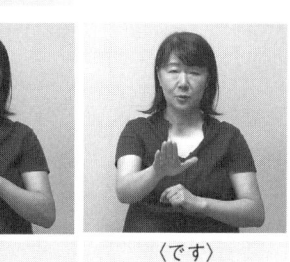

〈遠い〉　〈です〉

駅のすぐそばに家がある

■日本手話例文〈駅　指さし　家〉

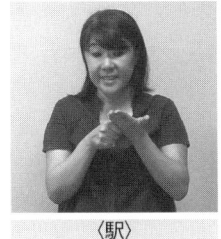

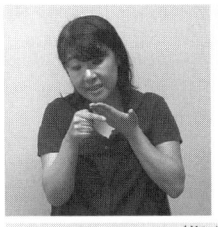

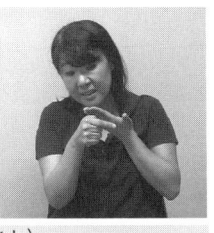

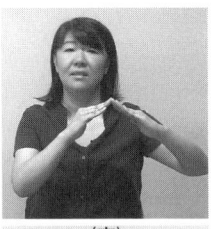

〈駅〉　〈指さし〉　〈家〉

○手指日本語例文〈駅　すぐ　そば　家　ある〉

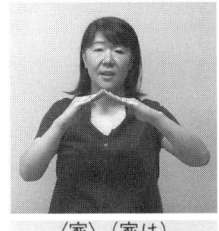

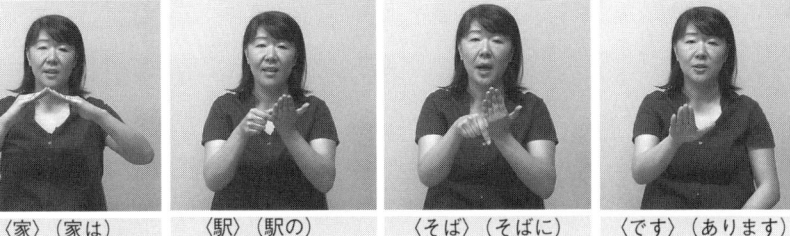

〈家〉（家は）　〈駅〉（駅の）　〈そば〉（そばに）　〈です〉（あります）

　日本手話例文では〈家〉の部分に話題化の NMM がありますが、手指日本語では話題化の NMM がありませんので、口型で日本語が読めても程度がわかりにくくなっています。

　NMM は顔だけではありません。身体も使います。大きい、背が高い、遠い、重いを表わす場合は、肩を広げ、腕を伸ばし、程度が大きいことを示す NMM をします。手指を大きく広げ、動作もゆっくりになります。マウスジェスチャーは基本的に《oo》となります。逆に小さい、背が低い、近い、軽いことを表す場合は、肩をすくめるようにし、腕もその動きに連動して小さく動かします。マウスジェスチャーは《ii》です。

　顔の NMM は、両方とも基本的（ニュートラルな場合）に眉を下げ目を細めます。

1-7 NMMがない例(どこを修飾しているの?)

1-5の例文で取り上げた「賢い犬だ」ですが、手指日本語ではNMMがないために、〈賢い〉がどこにかかっている(修飾している)のかわかりにくくなっています。聴者は耳から音声情報が入りますので、NMMがなくてもわかりますが、聾者には大問題です。

日本手話では、〈賢い〉〈犬〉と続けて表出し、かつNMMが保持されることで〈賢い〉が〈犬〉を修飾していることを示すことができます。

赤い車

■日本手話例文〈赤い‐車〉

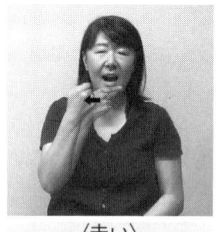

〈赤い〉 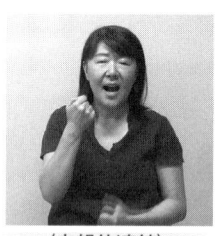 〈音韻的連続〉 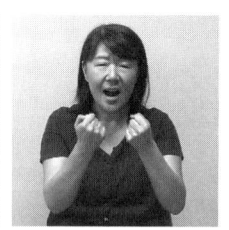 〈車〉

○手指日本語例文〈赤い 車〉

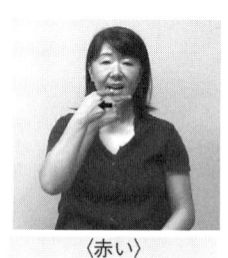

〈赤い〉  〈車〉

痩せている男（の人）

■日本手話例文〈痩せている‑男〉

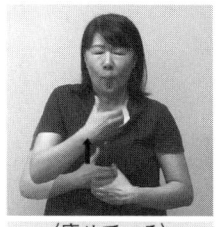

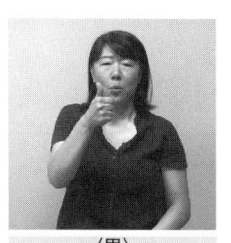

〈痩せている〉　〈音韻的連続〉　〈男〉

○手指日本語例文〈痩せる　男〉

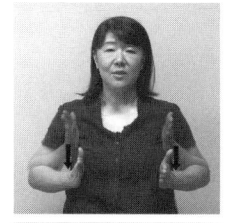

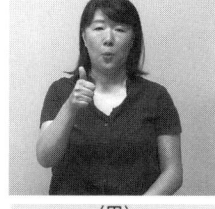

〈痩せる〉〈痩せている〉　〈男〉

（参考）日本手話例文〈痩せている〉

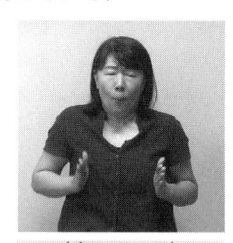

〈痩せている〉

　上の写真からもわかるように手指日本語ではNMMがないので、〈赤い〉も〈痩せ（てい）る〉もどこを修飾しているのかわかりません。

　日本手話の場合は、写真からもわかるように同じNMMが最後まで保持されることで〈赤い〉は〈車〉に、〈痩せ（てい）る〉は〈男〉にかかっていることがわかります。

姉は本を読む

■日本手話例文〈姉　本　読む〉

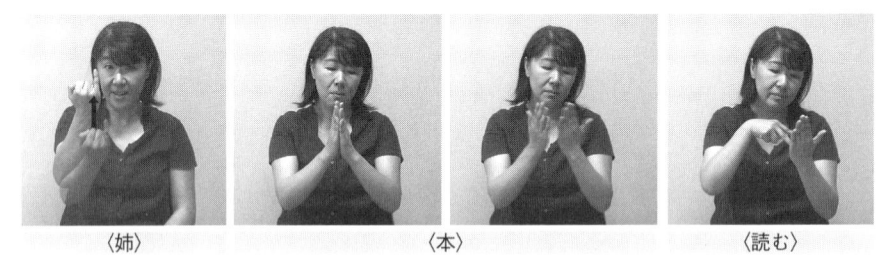

〈姉〉　　〈本〉　　〈読む〉

○手指日本語例文〈姉　本　読む〉

〈姉〉（姉は）　〈本〉（本を）　〈読む〉

姉の本を読む

■日本手話例文〈姉　本　読む〉

〈姉〉　〈音韻的連続〉　〈本〉　〈読む〉

○手指日本語例文〈姉　本　読む〉

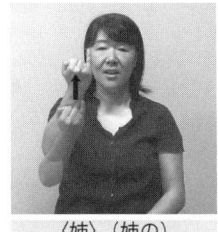

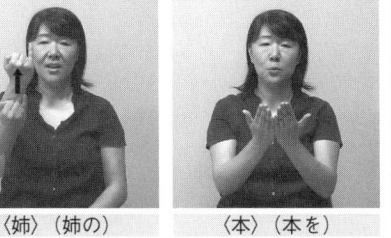

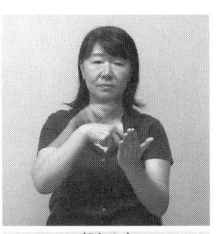

〈姉〉（姉の）　〈本〉（本を）　〈読む〉

　この例文は、語も語順も同じですが、手指日本語ではNMMがないので、「姉は本を読む」のか、それとも「姉の本を読む」のかわかりません。それを区別するには、口の動き、すなわち日本語で何を言っているのか読唇するしかありません。手話の単語を使っているのに、手指日本語は口話の延長のようになっているのです。写真からみても手指日本語のふたつの例文は同じようにみえると思います。

　では、日本手話ではどうやって区別するのでしょうか。これもNMMによって区別されます。写真ではわかりにくいと思いますが、〈姉〉と表現したあとに軽いうなずきが入ります。これもNMMです。そして、〈本〉の部分に話題化（topicalization）のNMMがあることに気づくと思います。

　「姉の本」という場合は、写真からわかるように〈姉〉の語にかかるNMMが〈本〉まで保持されることで「姉の本」ということができます。

　日本語では助詞で区別されることが日本手話ではNMMで区別されているということを理解してもらいたいと思います。

　ちなみに、〈姉〉に話題化のNMMがかかった場合は、日本語でいう「姉が」と同じ意味を持つと考えても差し支えないと思います。

1-8　NMMがない例（否定）

　日本手話では否定を意味する〈ない a〉、〈ない b〉、〈ない c〉、〈違う〉等があります。写真ではわかりにくいと思うのですが、単語が違うだけでなく、一緒に表現される否定のNMMにもさまざまなバリエーションが

あります。否定を意味する語は動詞のあとに置かれ、否定の NMM と一緒に表現されます。

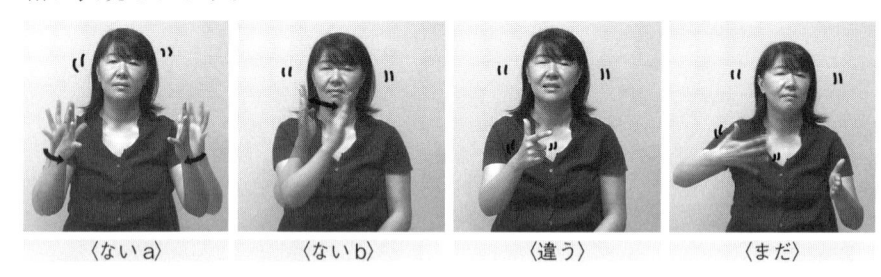

〈ないa〉　〈ないb〉　〈違う〉　〈まだ〉

> 私は本を読んでいない

■日本手話例文〈私　本　読む　ないa〉

〈私〉　〈本〉　〈読む〉　〈ないa〉

> 私は本を読まない

■日本手話例文〈私　本　読む　ないb〉

〈私〉　〈本〉　〈読む〉　〈ないb〉

　上の例文は「本を読んでいない」、下の例文は「本を読まない」です。用いる単語も違いますが、否定の NMM も少し違います。上の〈ないa〉のあごの位置はニュートラルですが、下の〈ないb〉のあごは若干、下のほうにひいた形になります。

私は本を読んでいない　　私は本を読まない

○手指日本語例文〈私　本　読む　ないa〉

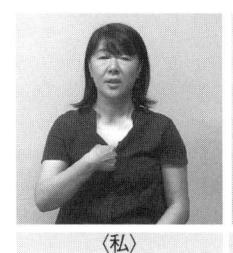

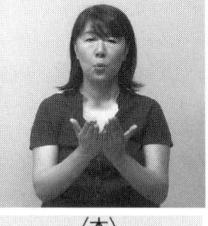

〈私〉　〈本〉　〈読む〉　〈ないa〉

　上の手指日本語では、手単語だけだと「本を読んでいない」のか、「本を読まない」のか区別ができません。否定のNMMも表出されていません。聴者は音声日本語で判断できますから、手話を見なくても問題ありませんが、ろう者は表出された手話を手がかりに「読んでいない」なのか、あるいは「読まない」のか、読唇しなければなりません。

まだ起きてこない

■日本手話例文〈起きる　まだ〉

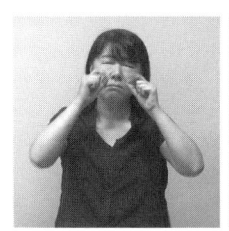

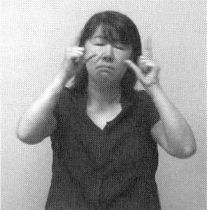

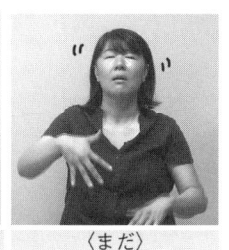

〈起きる〉　〈まだ〉

○手指日本語例文〈まだ　起きる　くる　ない〉

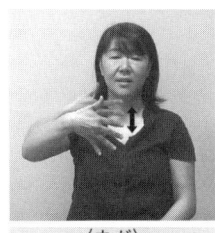

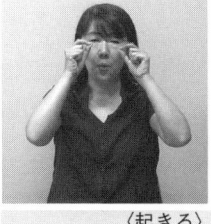

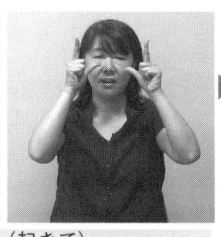

〈まだ〉　〈起きる〉（起きて）

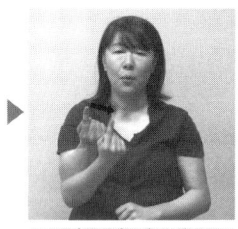

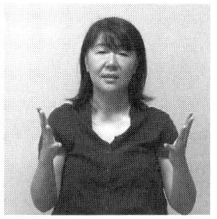

〈くる〉(こ-)　〈ない〉(-ない)

　日本手話例文では、〈起きる〉の後に軽いうなずきが入り、〈まだ〉の部分でNMM（否定）がかかります。同じ例として、〈結婚　まだ〉（まだ結婚していません）や、〈読む　まだ〉（まだ読んでいません）があります。
　日本語の「まだ～していない」にあたる手話の構文は〈～まだ〉（完了否定文）です。しかし、手指日本語では日本語の構造をそのまま手話の単語を使って表すので、写真のように、「まだ起きてこない」と音声で言いながら、〈まだ　起きる　くる　ない〉と表現されます。否定のNMMはありません。

1-9　NMMがない例（接続詞・順接と逆接）

　接続詞は、日本手話ではNMMで表現されます。もちろん、〈ので〉（順接）や〈しかし〉（逆接）のように単語としての接続詞はあります。これらの接続詞の単語を表現するときも必ずNMMが伴います。

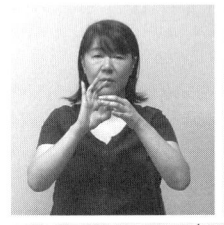

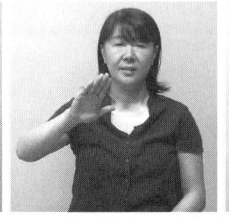

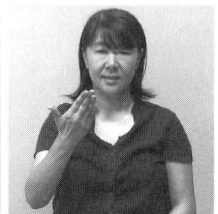

〈ので〉　　　　　　　　　　　　　〈しかし〉

第1章　基本文

　下の日本手話の例文は、手単語〈ので〉や〈しかし〉を用いず、NMMだけで表現したものです。写真ではわかりにくいかもしれませんが、〈ので〉のNMMは、あごをいったん上にあげてから戻します。〈しかし〉のNMMは、頭を小さく左右にふります。例文は、いずれも「一生懸命勉強したので試験に受かった」、「一生懸命勉強したけれど試験に落ちた」という意味です。

一生懸命に勉強したので試験に受かった

■日本手話例文〈私　勉強　NMM一生懸命　NMMので　試験　合格　文末指さし〉

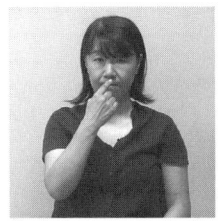

〈私〉 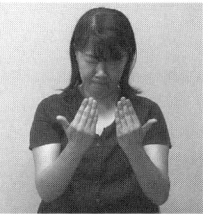　〈勉強+NMM一生懸命〉 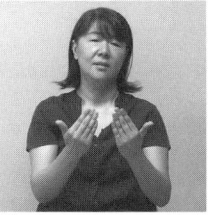　〈NMMので〉

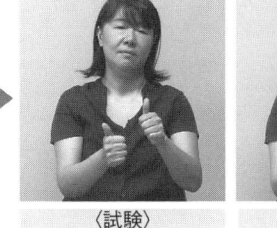

〈試験〉 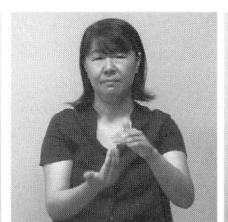　〈合格〉　〈文末指さし〉

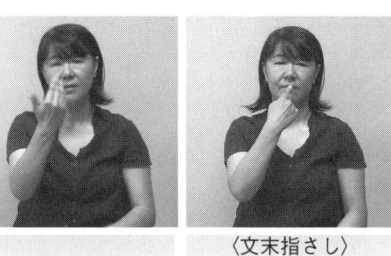

○手指日本語例文〈一生懸命　勉強　する　ので　試験　受かる　終わり〉

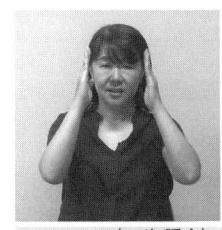

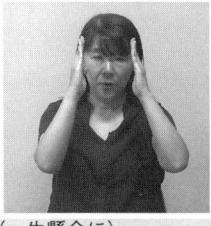

〈一生懸命〉（一生懸命に） 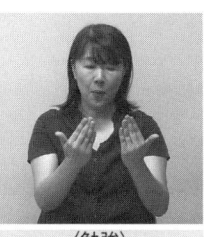　〈勉強〉

〈する〉（した）　　〈ので〉

〈試験〉（試験に）　〈合格〉（受かり）　〈終わり（ました）〉

　手指日本語では、上の写真のようになります。日本手話例文と比べ単語数が多くなっているのがわかると思います。日本手話では、接続詞のNMMだけでなく、過去を意味するNMM《pa》が〈合格〉と、同じく過去の《cha》が〈不合格〉と一緒に表現されていますので、手話単語〈〜した〉（過去）は省略されています。

一生懸命に勉強したのに試験に落ちた

■日本手話例文〈私　勉強　NMM一生懸命　NMMしかし　試験　不合格　文末指さし〉

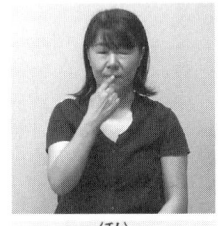

〈私〉 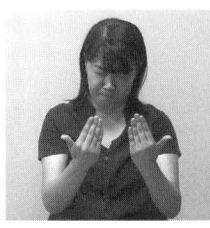　　〈勉強+NMM一生懸命〉 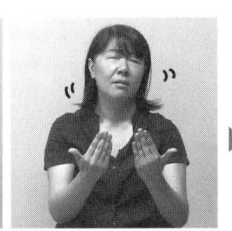　〈NMMしかし〉

第1章　基本文

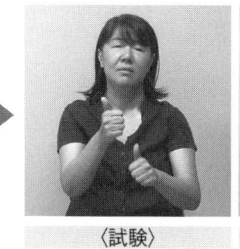

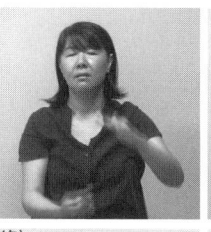

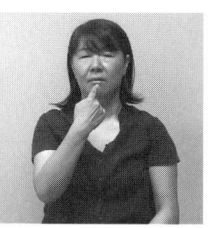

〈試験〉　〈不合格〉　〈文末指さし〉

○手指日本語例文〈一生懸命　勉強　する　しかし　試験　落ちる　終わり〉

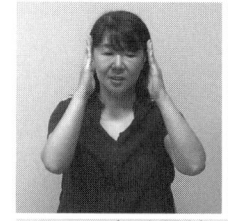

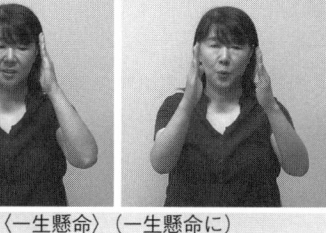

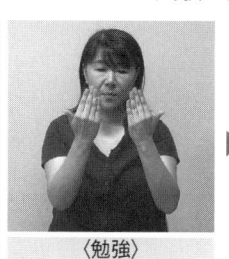

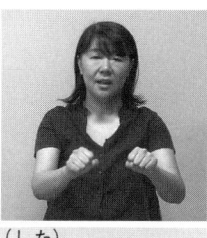

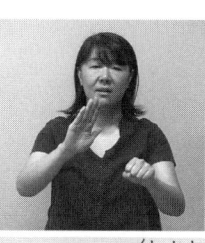

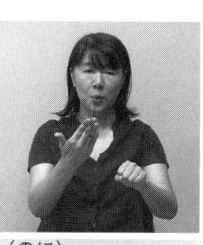

〈一生懸命〉(一生懸命に)　〈勉強〉

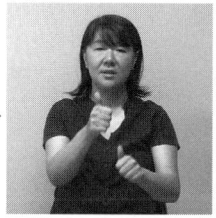

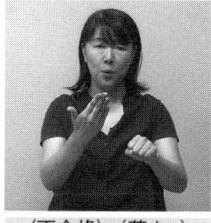

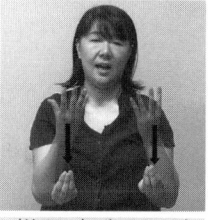

〈する〉(した)　〈しかし〉(のに)

〈試験〉(試験に)　〈不合格〉(落ち-)　〈終わり〉(-ました)

日本語の逆接の接続詞には「しかし」や「〜が」、「けれども」がありますが、これらを手指日本語で表現する際は、すべて手単語の〈しかし〉が使われます。中には、〈しかし〉の代わりに指文字〈ガ〉を使う人もいるようです。音声日本語では、「聞いた話なのですけれども、それによれば〜」のように、逆接ではなく「〜が」「〜けれども」を使うことがよくあります。そのときも、手指日本語では手単語〈しかし〉を用います。しかし日本手話では、逆接の接続詞〈しかし〉は、英語の but、however と同じく逆接のときにしか用いられません。

日本語の逆接には「〜が」「しかし」「けれども」「けど」「しかしながら」「〜だが」等がありますが、手単語はすべて同じ〈しかし〉です。そのため、手指日本語では、この〈しかし〉を借用して表現することになります。

聞いた話なのですけれども、大変だったとおっしゃっていました

■日本手話例文〈私　聞く　何、みんな　引用 RS 大変　皆が言う　文末コメント〉

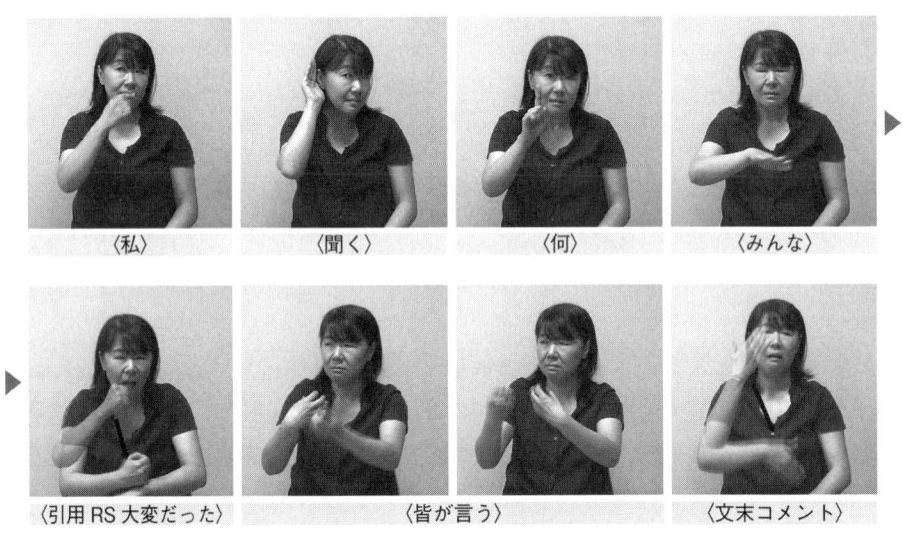

〈私〉　〈聞く〉　〈何〉　〈みんな〉

〈引用 RS 大変だった〉　〈皆が言う〉　〈文末コメント〉

○手指日本語例文〈聞いた　話　しかし、みんな、大変　終わり　いう　です〉

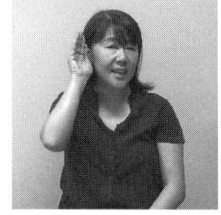

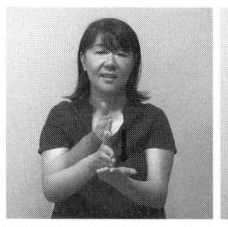

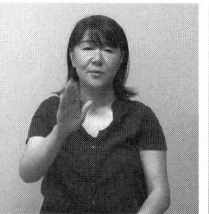

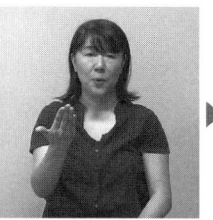

〈聞く〉（聞いた）　〈話〉　〈しかし〉（なのですけれども）

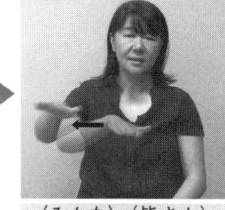

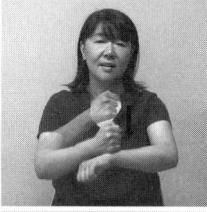

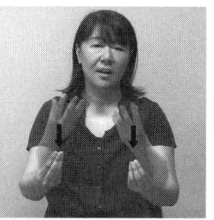

〈みんな〉（皆さん）　〈大変〉（大変）　〈終わり〉（だったと）

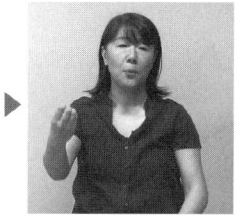

〈言う〉（おっしゃって）　〈です〉（いました）

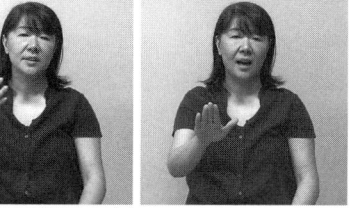

　日本手話例文でわかるように〈しかし〉は入っていません。逆接の文ではないからです。引用 RS については 127 ページを参照してください。

　手指日本語例文は「聞いた話なのですけれども、皆さん、大変だったとおっしゃっていました」で、〈しかし〉を表出するときに、音声では「なのですけれども」と発しています。同じく〈皆〉の部分で「皆さん」、〈いう〉の部分で「おっしゃって」と発し、〈です〉の部分では〈いました〉と発しています。

　接続詞は、逆接だけでなく、順接、並列、添加、選択等がありますが、

日本手話ではNMMで表現可能です。もちろん、その意味に相当する手話の単語はありますが、その単語が使われるときにもNMMが伴います。NMMはその組み合わせによって意味が変わってきますので、接続詞の手単語は同じでもNMMによっては微妙に意味が変わります。

第2章 時間を表す表現

時間を表す表現とは

　日本語と日本手話の大きく異なる点のひとつに「時間を表す表現」があげられるでしょう。

　「時間を表す表現」は大きくテンスとアスペクトのふたつに分けることができます。テンスは、発話時との時間的前後を問題にするものです。出来事の時間的性質に関することはアスペクトと呼ばれます。

　日本語のテンスは、「〜た（です）」で終わるもの（タ形）や、文末で使われる述語がタ形以外で終わるもの（ル形）をいいます。「〜ます」、「〜い（です）」、「〜です」「〜である」「〜だ」などです。「〜てしまう」や「〜たことがある、〜たことがない」などの表現もテンスです。

　アスペクトは、出来事の時間的性質に関するもので、日本語では「〜ている」（テイル形）、「〜ているところだ」「〜続ける」「〜始める」「〜やむ」「〜ところだ」などがあります。

2-1 それはいつのこと？（1）

　過去を現す手単語として〈終わり〉と〈〜した〉のふたつがあります。
　〈終わり〉は《pa》という口型、〈〜した〉は《cha》という口型とセットになっていることが多いです。

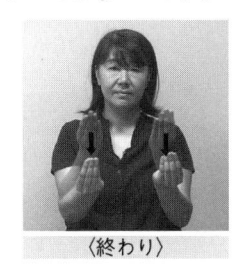

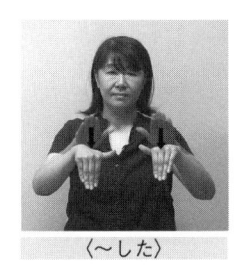

〈終わり〉　　〈〜した〉

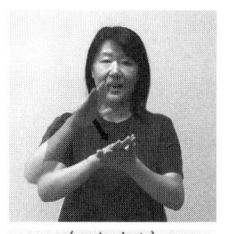

〈～した b〉

上の写真〈～した b〉は《pa》という口型とセットになっていますが、現在では下の例文のように慣用的表現として使われる他はほとんどみられなくなりましたので、ここではとりあげないことにします。下の例文は［(彼／彼女は) すでに結婚している］という意味です。

(参考) 日本手話例文〈結婚　した b〉

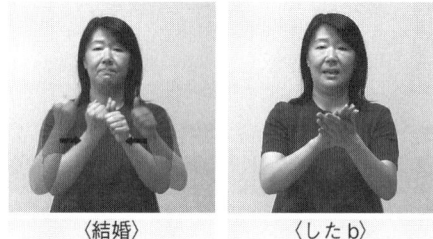

〈結婚〉 　〈した b〉

結婚しています

■日本手話例文〈結婚　終わり〉

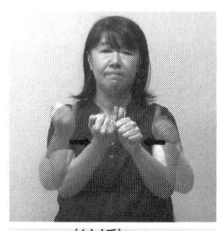

〈結婚〉 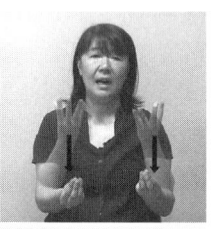　〈終わり〉《pa》

この例文では完了形となり、「（私は）結婚している」という意味になります。日本語では、完了形として「～している」という文型になりますので、手指日本語では、下のようになってしまいます。

○手指日本語例文〈結婚　です〉

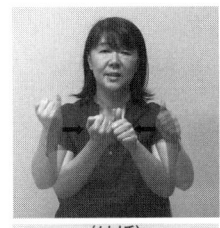

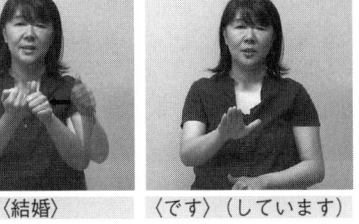

〈結婚〉　　〈です〉（しています）

　〈です〉という手単語を「～している」の代用品として引用し、口型は「している（しています）」となります。

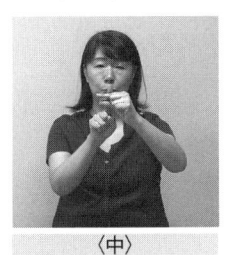

〈中〉

　上の〈中〉は〈中３〉（中学３年）の〈中〉や〈田中〉（人名の田中）の〈中〉と同じですが、動詞の後ろにおかれると「～している」という意味になります。

バレーをしています

■日本手話例文〈バレー　中　指さし〉

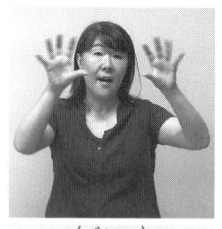

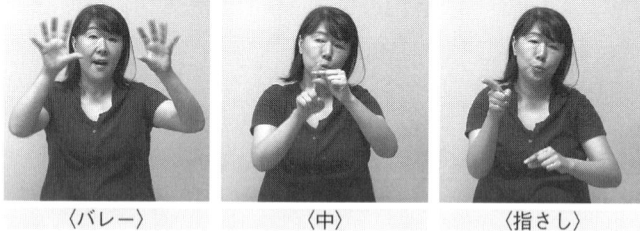

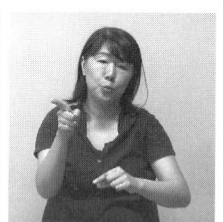

〈バレー〉　〈中〉　〈指さし〉

○手指日本語例文〈バレー　する　です〉

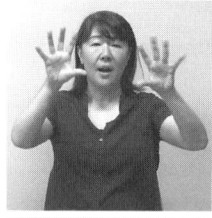

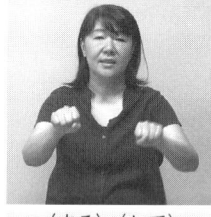

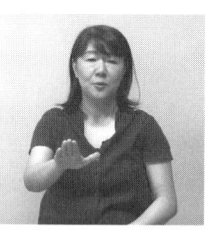

〈バレー〉(バレーを)　〈する〉(して)　〈です〉(います)

　手指日本語では〈中〉の代わりに、〈する　です〉や〈する　いる〉と手話をしながら、音声（口型）では「〜している」「〜しています」と発話します。主語が入っていないため、自分のことか彼／彼女のことか見るだけではわかりにくくなっています。

　この例文にはNMMはありませんが、日本手話で同じ語、同じ語順で、しかるべき場所にNMMが入ると意味の異なる文になります。

（参考）日本手話例文〈バレー　できる　ある++〉

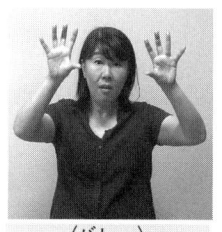

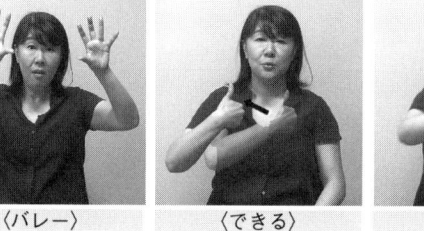

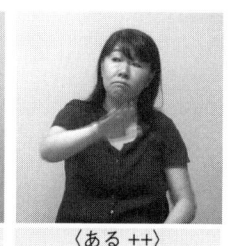

〈バレー〉　〈できる〉　〈ある++〉

第 2 章　時間を表す表現

　写真ではわかりにくいと思いますが、〈バレー　できる〉の部分に話題化のNMMが入り、そのあとに、利き手側の空間に〈ある〉を3回繰り返すことで、[バレーボールができるところはいくつかあります]という意味になります。手指日本語では下記のように表現されます。NMMがないため、節がどの部分に該当するのかも見るだけではわかりません。

（参考）手指日本語例文〈バレー　できる　ところ　いくつ　です〉

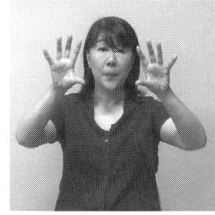

〈バレー〉（バレーが） 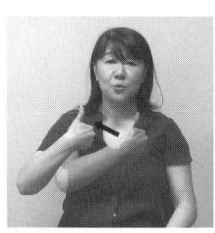　〈できる〉 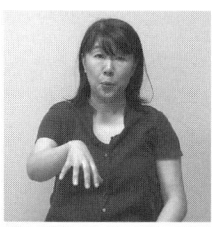　〈ところ〉（ところは）

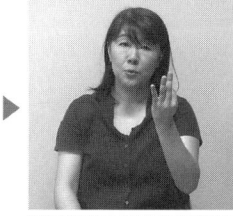

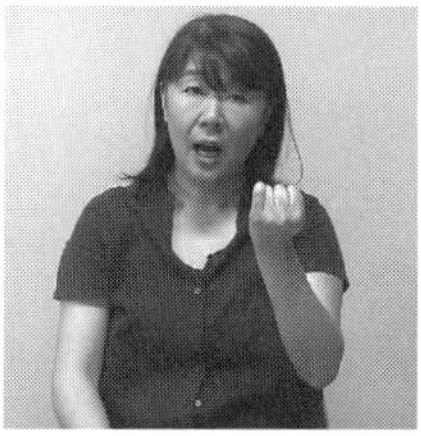

〈いくつ〉（いくつか） 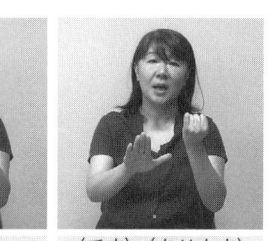　〈です〉（あります）

2-2　それはいつのこと？（2）

　日本手話の時間を表す表現として、〈今〉、〈前〉、〈後〉があります。NMMのないニュートラルなものが下記の写真です。

　手指日本語を見ていると、その語られている出来事がいつのことなのかよくわからないということがあります。

〈今〉　〈前〉

〈後〉

私が学校に行っていた頃の話なのですが〜

■日本手話例〈私　前　学校　通う　時、経験　終わり　何〜〉

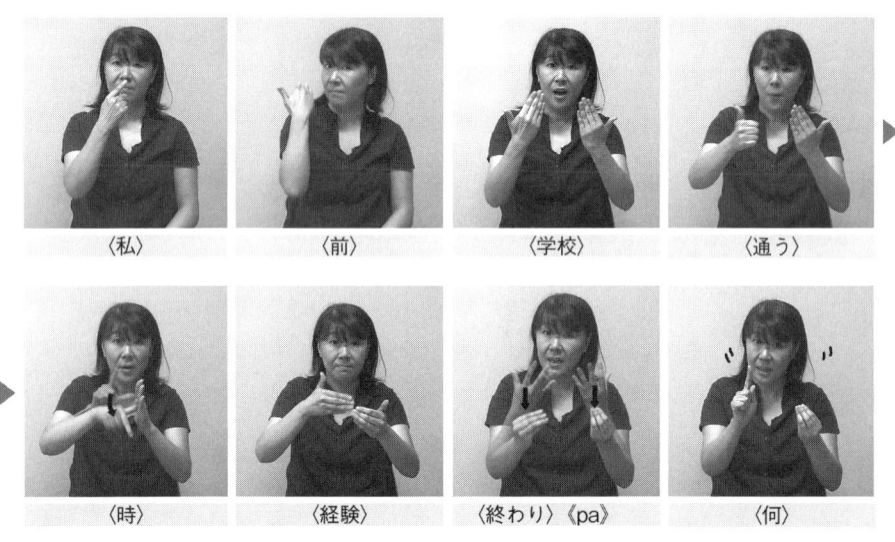

〈私〉　〈前〉　〈学校〉　〈通う〉

〈時〉　〈経験〉　〈終わり〉《pa》　〈何〉

日本手話では、〈前〉＋動詞で過去を示すことができます。〈前〉が文の初めにくることもありますし、主語の後ろにおかれることもありますが、動詞の後ろにおかれることはありません。動詞の後ろにおかれる場合は、「学校に通っていたのは昔のことだ」という意味になります。その場合は、〈私　学校　通う〉の後にうなずきのNMMが入り、〈私　学校　通う〉が節であることを示します。

　時間の話ではありませんが、手指日本語では〈行く〉となっているのに対し、日本手話例文では〈通う〉という動詞になっています。日本手話の〈行く〉は場所への移動を示し、〈通う〉は同じ場所に継続して行っていることを示すときに使います。

〇手指日本語例〈私　学校　行く　頃　話　しかし〜〉

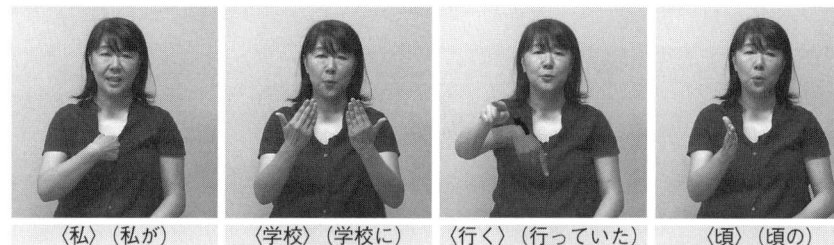

〈私〉（私が） 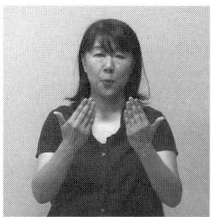　〈学校〉（学校に） 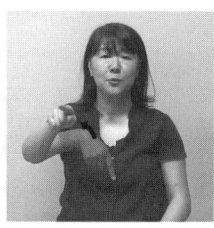　〈行く〉（行っていた） 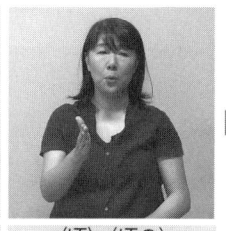　〈頃〉（頃の）

〈話〉（話しなの 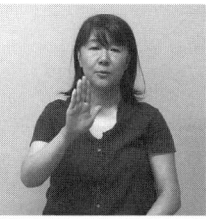  -）　〈しかし〉（- ですが）

　「私が学校に行っていた頃の話なのですが〜」と口で話しながら、上の例文のように手話の単語を並べると、その「学校に行く」出来事が現在のことなのか過去のことなのかわからなくなります。音声を聞けば過去のこ

とだとわかりますが、並べられた手単語だけでは理解不能です。

彼はアメリカに行くだろう

■日本手話例文〈指さし　後　アメリカ　行く　思う　文末指さし〉

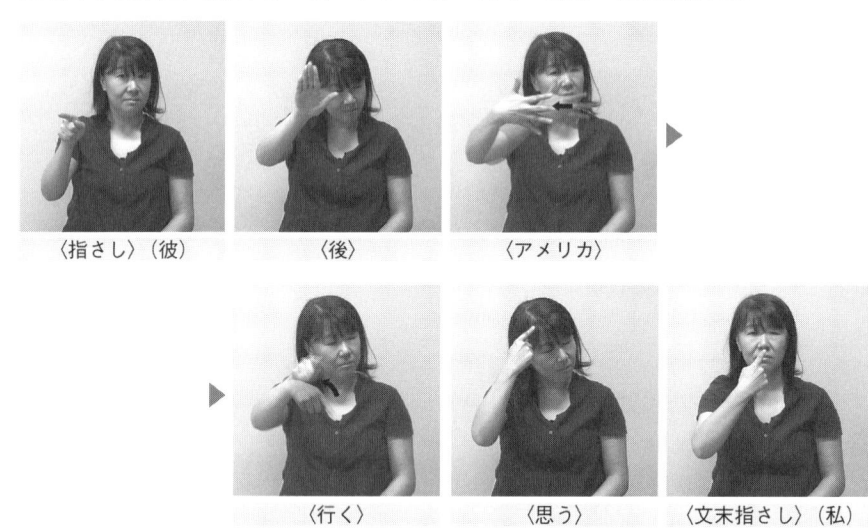

〈指さし〉(彼)　〈後〉　〈アメリカ〉

〈行く〉　〈思う〉　〈文末指さし〉(私)

○手指日本語例文〈彼　アメリカ　行く　らしい〉

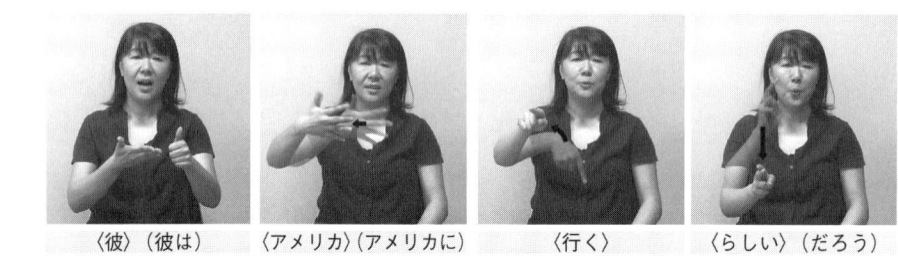

〈彼〉(彼は)　〈アメリカ〉(アメリカに)　〈行く〉　〈らしい〉(だろう)

　上の例文は、「彼はアメリカに行くだろう」です。「アメリカに行く」のは未来のことなのですが、手話だけでは現在のことなのか未来のことなのか区別できません。

日本手話では、〈後〉＋動詞で未来を示します。〈前〉と同様、文の初めに〈後〉がおかれることもあります。断定を避ける表現については、〈思う　文末指さし〉に断定を避ける［～だろう］という意味のNMMがつきます。

　手単語〈らしい〉は、状況からの判断と伝聞を表す場合に用いられますが、「～だろう（断定を避ける表現）」にあたる手単語が存在しないので、手指日本語では、〈らしい〉を代用し、音声で「だろう」とします。

2-3　それはいつのこと？（3）

　「雨」を題材にいろいろな例文を用意しました。雨が降るという出来事の時間的性質を手指日本語でみた場合、日本語で何といっているかわからないと解読できません。聴者は耳から音声日本語が聞こえるので手話は見なくてもわかるようになっています。

雨が降っています
〇手指日本語例文〈雨〉

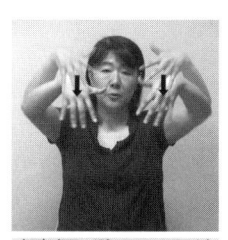

〈雨〉（雨が降っています）

　上の例文では、「雨がふっています」と口で話しながら、手話は〈雨〉とやります。手話だけをみているとこれが名詞なのか動詞なのか区別できません。

第2部 実例編

■日本手話例文〈雨〉

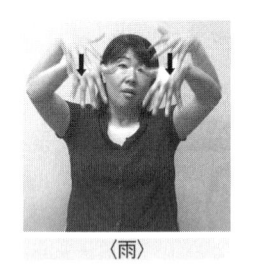

〈雨〉

日本手話では上のようにやります。

昨日雨が降った

○手指日本語例文〈昨日　雨　終わり〉

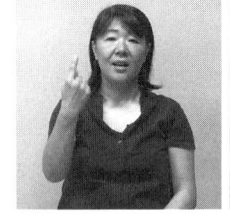

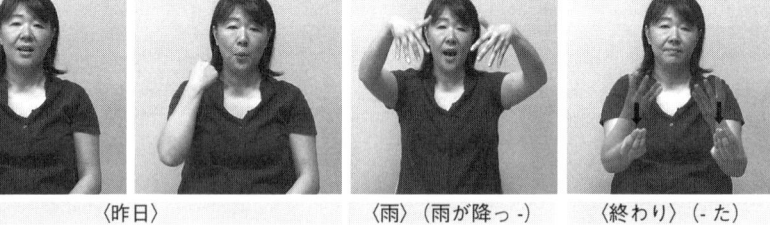

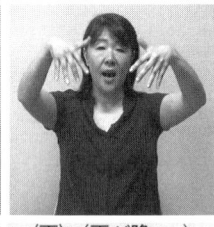

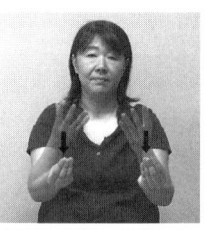

〈昨日〉　　〈雨〉（雨が降っ-）　　〈終わり〉（-た）

「昨日、雨が降った」と口でいいながら手話をします。手単語〈終わり〉を日本語のタ形にあてはめて表現します。

■日本手話例文〈昨日　雨〉

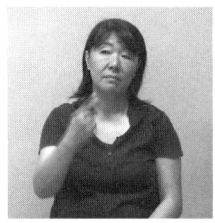

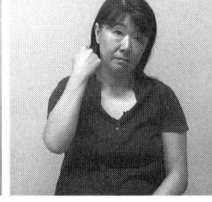

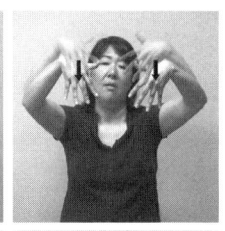

〈昨日〉　　〈雨〉

〈昨日〉という手単語があることから、[雨が降る]という出来事は過去のことであることが自明であるので、〈終わり〉を入れなくても問題ありません。ちなみに、「東京は雨でした」ということを手指日本語でいうと下記のようになります。

東京は雨でした
○手指日本語例文〈東京　雨〜した〉

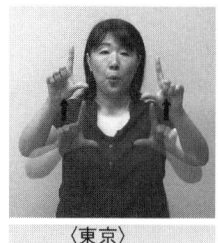

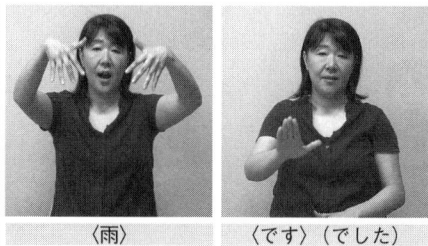

〈東京〉　〈雨〉 　〈です〉〈でした〉

　日本語の「でした」は、手単語〈終わり〉もしくは〈です〉を転用し、口で「でした」と言います。写真例は、〈です〉を用いた例です。「東京は雨です」と言いたい場合は、手単語〈です〉と一緒に「です」と言えばよいのです。音声日本語の文末が「〜だ」で終わる場合は、〈です〉を抜かすことが多いようです。

東京は雨が降っている
■日本手話例文〈東京　雨　文末指さし〉

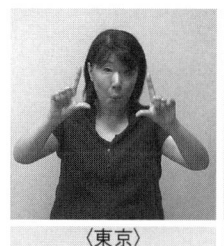

〈東京〉 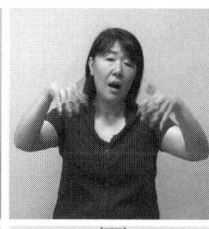　〈雨〉 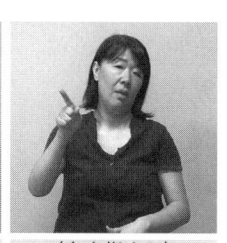　〈文末指さし〉

上の日本手話の例文では、[東京は雨が降っている]という事実だけを述べていて、その出来事がいつのことなのかは、はっきりしていません。そこで、発話時、[東京に雨が降っている]という出来事が起こっていることを言いたい場合は、下の例文のように、手単語〈今〉、もしくは〈中〉を用います。文末指さしは、〈東京〉と一致しています。

東京は雨だ
■日本手話例文〈東京　今　雨　文末指さし〉

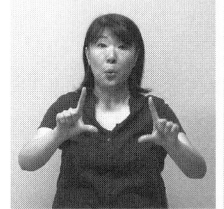

| 〈東京〉 | 〈今〉 | 〈雨〉 | 〈文末指さし〉 |

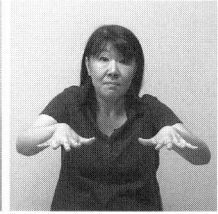

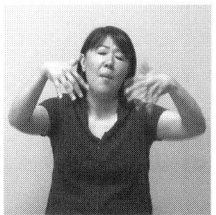

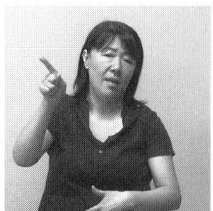

東京は雨が降っています
■日本手話例文〈東京　雨　中　文末指さし〉

| 〈東京〉 | 〈雨〉 | 〈中〉 | 〈文末指さし〉 |

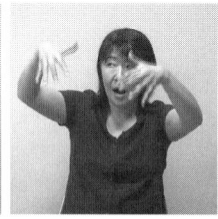

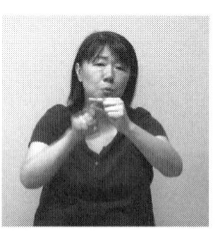

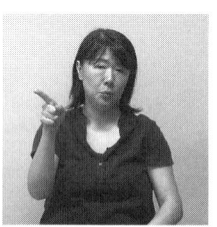

〈今〉を文中に入れることで「東京は雨だ（です）」という意味に、〈雨〉の後ろに〈中〉を入れることで「東京は雨が降っている」という意味になります。

第2章　時間を表す表現

私がこちらに帰ったとき東京は雨だった

■日本手話例文〈私　ここ　帰る　時、東京　指さし　雨　文末指さし〉

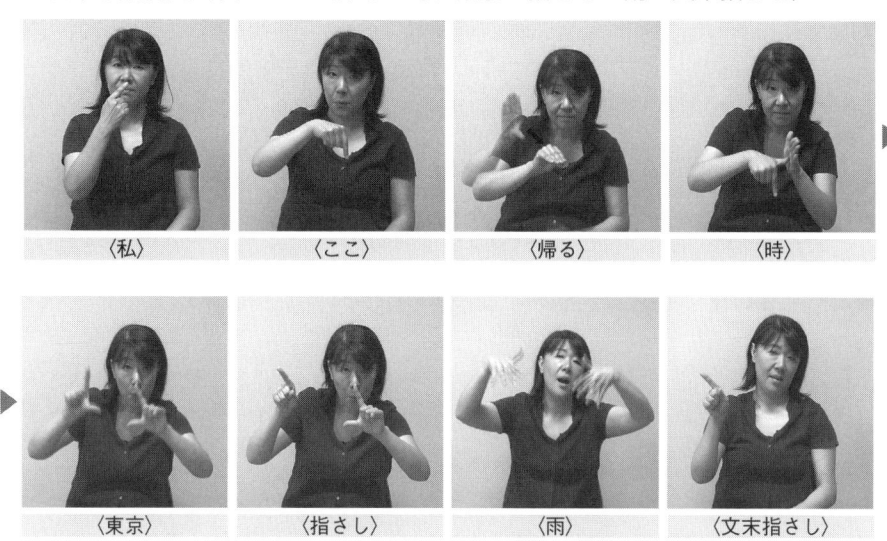

〈私〉　〈ここ〉　〈帰る〉　〈時〉

〈東京〉　〈指さし〉　〈雨〉　〈文末指さし〉

　上は「私がこちらに帰ったとき、東京は雨だった」という意味の例文です。この例文の発話時、こちらに帰ってきたことは過去であることがわかっているので、その後の［雨が降る］という出来事は〈～した〉や〈終わり〉の手単語がなくても過去であることがわかります。

急に雨が降り始めた

○手指日本語例〈突然　雨　始める〉

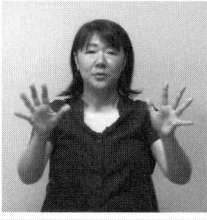

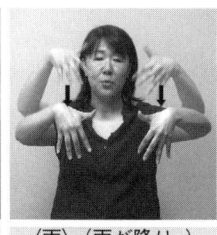

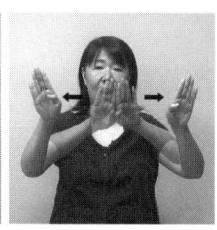

〈突然〉（急に）　〈雨〉（雨が降り-）　〈始める〉（-始めた）

97

第 2 部　実例編

　「急に雨が降り始めた」の手指日本語例文です。手話だけ見ていると、いつ雨が降り始めたのかわかりません。日本手話では、文頭に〈前〉を入れます。この〈前〉には、「ほんの少し」という意味をもつ NMM が伴います。日本語では「たった今」に近い意味を持つでしょう。〈前〉の語が入っているので〈〜した〉もしくは〈終わり〉という手単語は不要です。
　また、〈始める〉という手単語は用いず、出来事や動作の急な開始を示す「急に（突然）〜しだす」という意味を持つ NMM を動詞と一緒に表現します。

■日本手話例文〈前　突然　雨　指さし〉

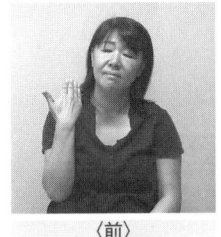

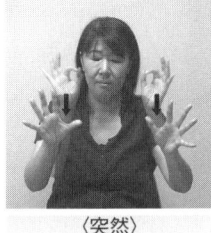

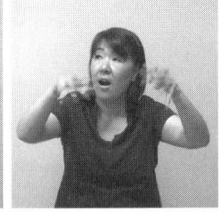

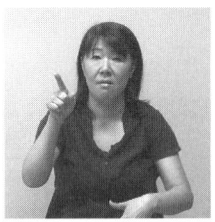

| 〈前〉 | 〈突然〉 | 〈雨〉 | 〈指さし〉 |

（参考）　弟は突然勉強を始めた

■日本手話例文〈私　弟　突然　勉強　始める　文末指さし〉

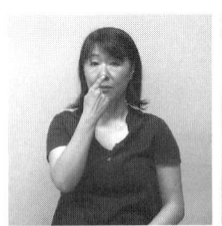

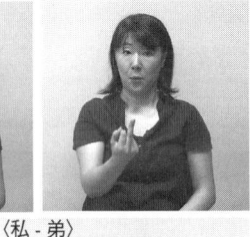

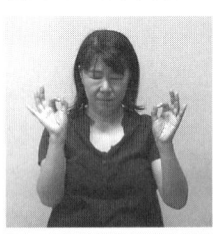

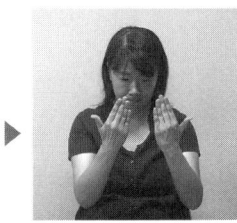

| 〈私 - 弟〉 | 〈突然〉 |

| RS 弟〈勉強〉 | 〈始める (pa)〉 | 〈文末指さし〉 |

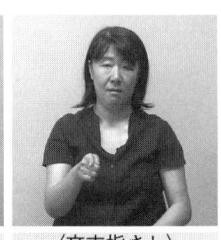

この例文では、RS弟〈勉強〉となっています。〈始める〉の部分には過去を示すNMM《pa》が伴っています。

明日は1日中雨が降り続くでしょう

○手指日本語例文〈明日　1日　中　雨　降る　続く　でしょう〉

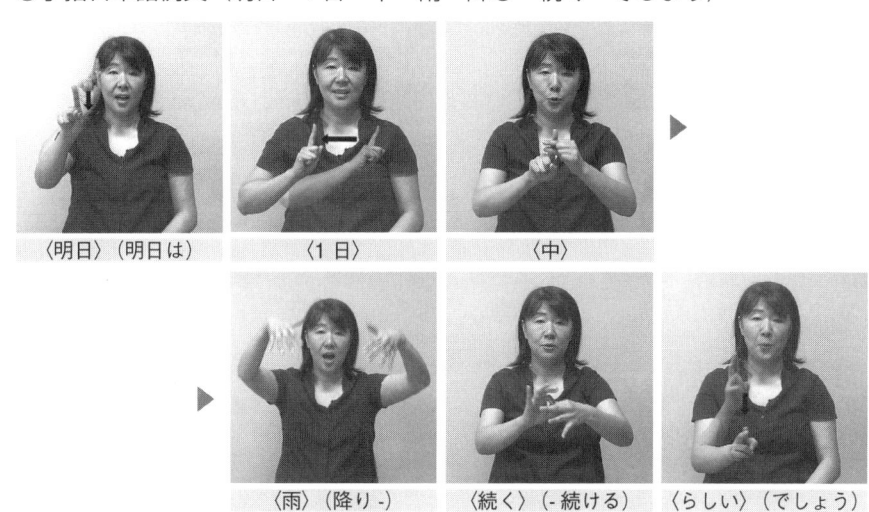

〈明日〉（明日は）　〈1日〉　〈中〉

〈雨〉（降り -）　〈続く〉（- 続ける）　〈らしい〉（でしょう）

■日本手話例文〈明日　1日　雨 ++　思う〉

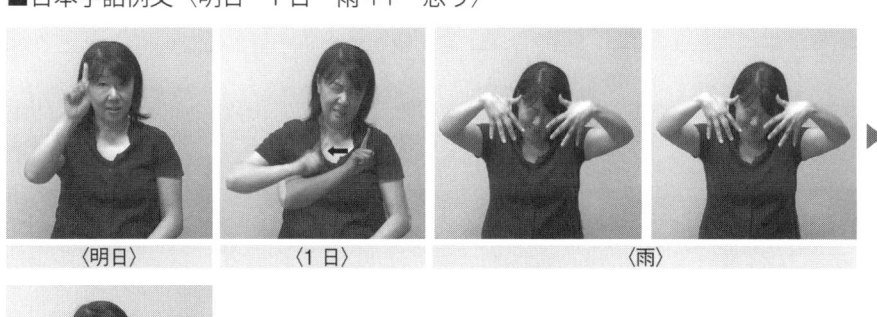

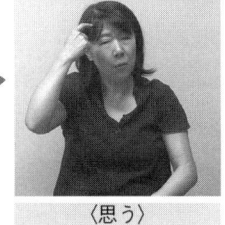

〈明日〉　〈1日〉　〈雨〉

〈思う〉

上の手指日本語の例文は「明日は1日中雨が降り続くでしょう」です。「〜続ける」というアスペクト表現については、〈続く〉という手単語を代用します。日本手話では、〈雨++〉のところで出来事の継続を意味する動詞の繰り返しと目を細めるNMMを表現します。目を細めるNMMは［しばらく］という意味があります。

食べ続ける
○手指日本語〈食べる　続く〉

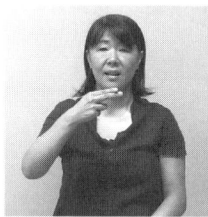

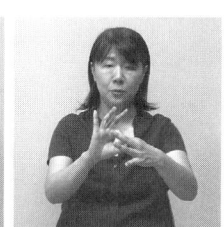

〈食べる〉（食べ-）　〈続く〉（-続ける）

■日本手話〈食べる++〉

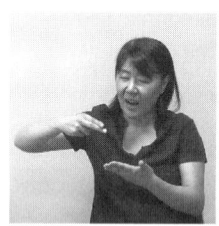

〈食べる++〉

話し続ける
○手指日本語〈話す　続く〉

〈話す〉（話し-）　〈続く〉（-続ける）

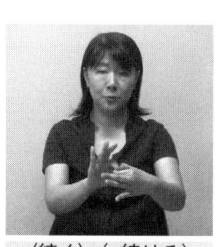

■日本手話〈話す ++〉

〈話す ++〉

　手指日本語では、「〜続ける」という日本語にあたる部分に〈続く〉という手単語を代用しますが、日本手話では、写真からわかるように出来事が継続するという意味を持つ NMM と動詞を3回繰り返します。〈続く〉という手単語は用いません。

話し終わった

○手指日本語例文〈話す　終わる〉

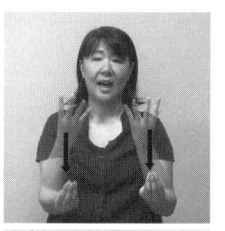

〈話す〉(話し -)　　〈終わり〉(終わった)

　動作や出来事を終了する「〜終わる」「〜やむ」を手指日本語では、〈終わり〉もしくは〈止める〉という語を用いて表現します。
　「話し終わる」と口で言いながら〈話す　終わり〉とやります。過去形で「話し終わった」ことを言いたいときも同じ例文で、口では「話し終わった」とやります。音声日本語が耳から入らなければ、現在のことなのか過去のことなのか区別できません。

第2部 実例編

雨があがった

○手指日本語例文〈雨　降りやむ　終わり〉

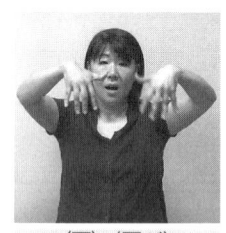

〈雨〉(雨が) 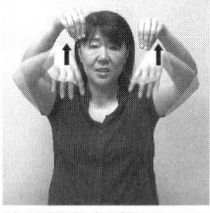　〈雨がやむ〉(-あがっ) 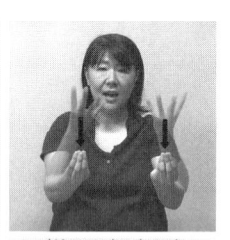　〈終わり〉(-た)

「雨があがった」と口で言いながら、手話をします。

　手指日本語の上級者になると、〈雨がやむ〉のような手話的な表現をしながら、口で「雨があがった」と言う人もいます。その場合でもNMMがないため、ろう者にはわかりにくくなっています。

■日本手話例文〈話す++　終わる〉　現在形

〈話す〉 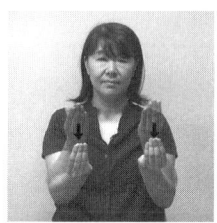　〈終わる〉(現在形)

■日本手話例文〈話す++　終わる〉　過去形

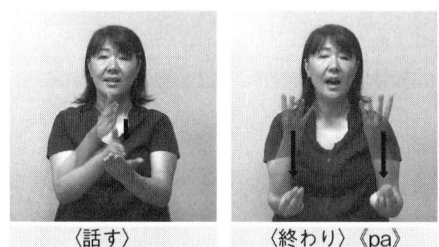

〈話す〉 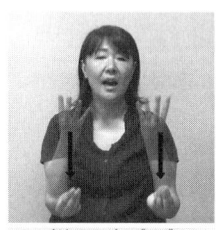　〈終わり〉《pa》

日本手話では、〈話す++〉と〈終わる〉は音韻的に連続しています。過去形の場合、〈終わる〉の部分にマウスジェスチャー《pa》がかかっています。

■日本手話例文〈雨　CL 雨がやむ〉　現在形

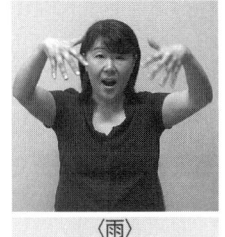

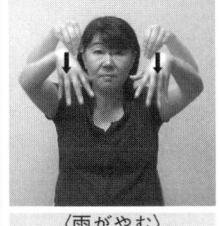

〈雨〉　　〈雨がやむ〉

■日本手話例文〈雨　CL 雨がやむ〉　過去形

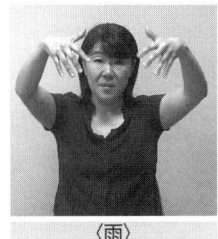

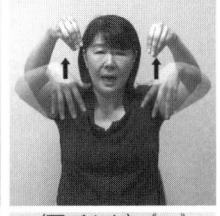

〈雨〉　　〈雨がやむ〉《pa》

日本手話では、[雨がやむ]を固定語彙の〈止める〉ではなく、CL で表現します。〈雨〉の部分には出来事の継続を示すアスペクト的な NMM があり、その次に〈CL 雨がやむ〉が表現されます。文末に NMM《pa》がある場合は過去形です。《pa》がないほうは日本語の「ル形」にあたります。

テレビは見なかった

○手指日本語例〈テレビ　見る　ない〉

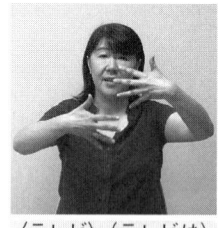

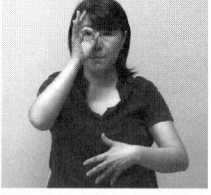

〈テレビ〉（テレビは）　〈見る〉（見-）　〈ない〉（-なかった）

　上の手指日本語の例文に、手単語〈終わり〉は出てきませんが、手指日本語の上級者になると、手単語〈ない〉をしながら、「なかった」と言えるようになります。

■日本手話例文〈テレビ　見る-ない-pt1〉

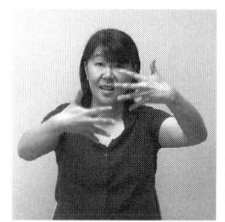

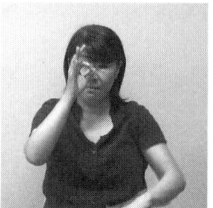

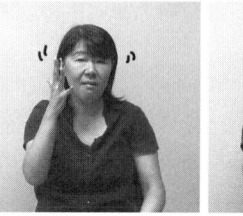

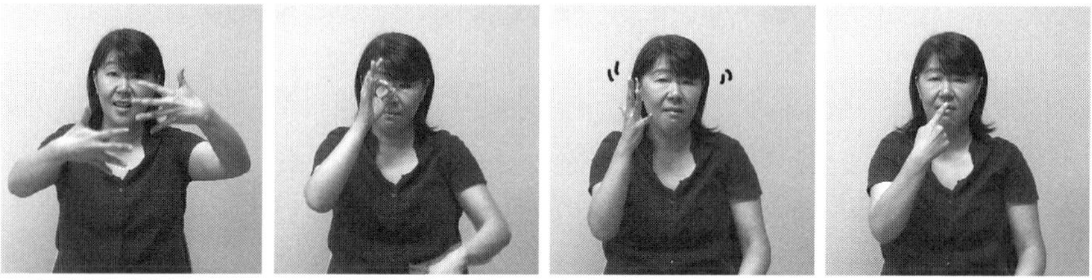

〈テレビ〉　〈見る-ない〉　〈文末指さし〉

　〈見る〉と〈ない〉は音韻的に連続していて、〈見る-ない〉となります。話し手が発話している段階で、［テレビを見る］こと自体が過去であることがわかっているので、過去を示すNMM《pa》や〈終わり〉はなくても問題ありません。また、〈見る-ない〉の部分には否定のNMMが伴っています。文末指さしが入ることで、主語は［私］であることを示しています。

第2章 時間を表す表現

（参考）日本手話例文〈テレビ　見る‐ない‐pt1〉

「テレビを見ない」にあたる表現は日本手話ではどうやるのでしょうか？

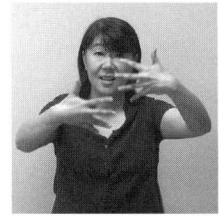

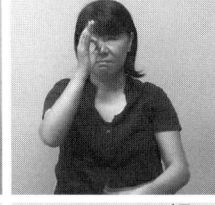

〈テレビ〉 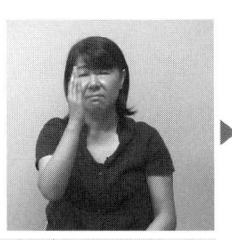　〈見る‐ない〉

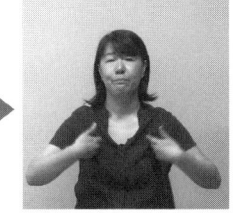

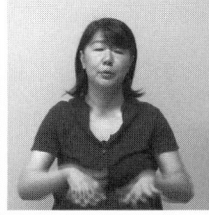

〈必要ない〉 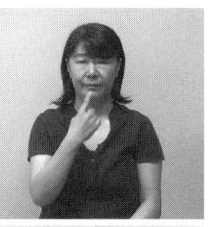　〈文末指さし〉

　［見ない］も〈見る‐ない〉ですが、上の写真からわかるようにあごの位置が前になっていることに注意してください。あごを前に出すことで意志を示します。それに対し、［見ていない］は事実を述べることになるので、あごの位置は下になります。

テレビを見るところです

○手指日本語例文〈テレビ　見る　場所　です〉

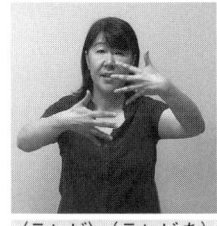

〈テレビ〉（テレビを） 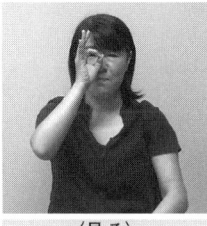　〈見る〉 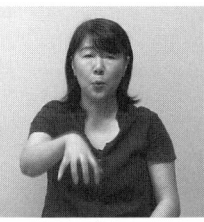　〈場所〉（ところ） 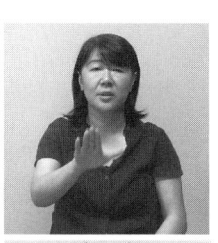　〈です〉

○手指日本語例文〈テレビ　見る　始める　です〉

〈テレビ〉（テレビを） 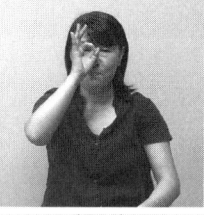　〈見る〉 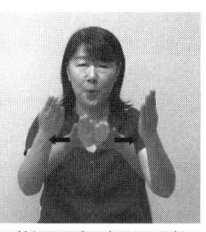　〈始める〉（ところ） 　〈です〉

　上の例文は「テレビを見るところです」です。「〜ところだ」は、手単語〈場所〉から転用します。口では「ところ」と発話します。手話だけだと［テレビをみる場所］にも読みとれてしまいます。

■日本手話例文〈テレビ　今　見る　文末指さし〉

〈テレビ〉 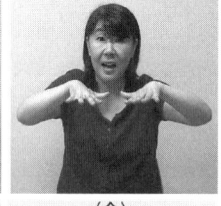　〈今〉 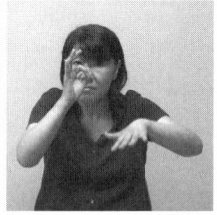　〈見る〉 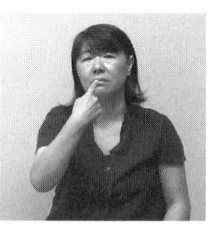　〈文末指さし〉

　日本手話例文では、［〜ところだ］を意味するNMMとともに、写真ではわかりにくいと思いますが、〈今〉を小さく小刻みに動かします。

テレビを見ている

■日本手話例文〈テレビ　今　見る　文末指さし〉

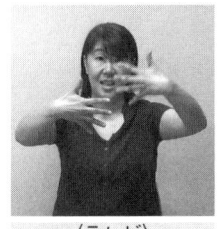

〈テレビ〉 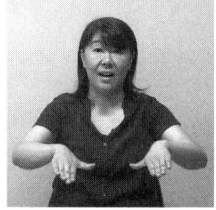　〈今〉 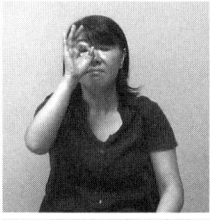　〈見る〉 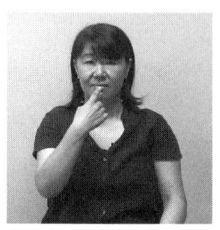　〈文末指さし〉

〈今〉の部分の NMM が違うだけで、[テレビを見ている] という意味になります。

(参考)　日本手話〈テレビ　見る　場所〉
　[テレビをみる場所] を言いたいときは、〈テレビ〉〈見る〉〈場所〉の語が音韻的に連続し、かつ関係節を示す NMM が伴います。

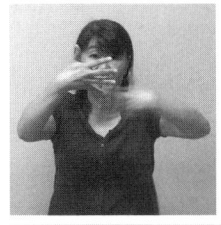

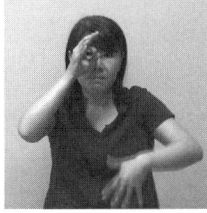

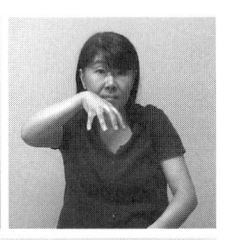

〈テレビ - 見る - 場所〉

事故の知らせが入ったとき、私は風呂に入るところだった

○手指日本語例文〈事故　報告　です　時、私　ちょうど　風呂　入る　場所　です〉

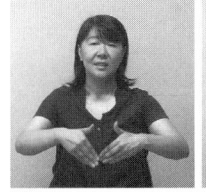

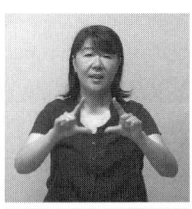

〈事故〉(事故の)　〈報告〉(知らせが)　〈です〉(あった)

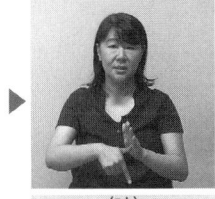

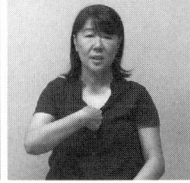

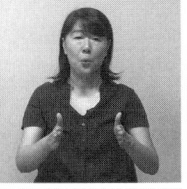

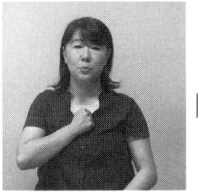

〈時〉　〈私〉(私は)　〈ちょうど〉　〈風呂〉(風呂に)

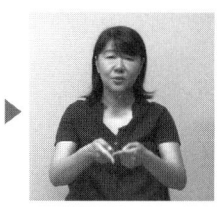

〈入る〉 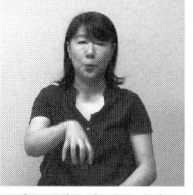　〈場所〉（ところ） 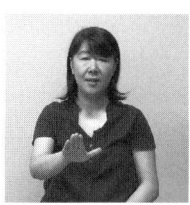　〈す〉（でした）

■日本手話例文〈事故があったことを知る、時　私　何、引用RS "風呂に入る"、RSドアを開ける、指さし〉

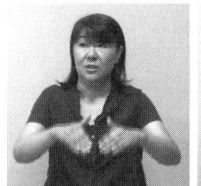

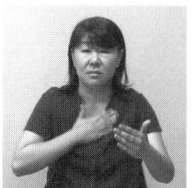

〈事故があったことを知る〉

〈時〉 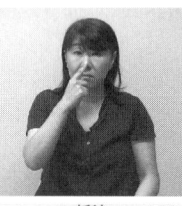　〈私〉 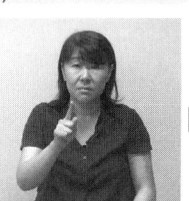　〈何〉

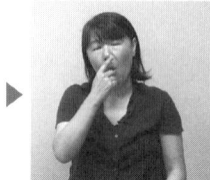

引用RS〈風呂に入る〉

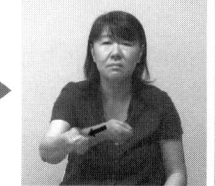

RS〈ドアを開ける〉 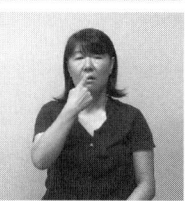　〈文末指さし〉

日本語と日本手話の大きく違うところのひとつに、時間や出来事の区切り方があります。日本語における「風呂に入るところ」という状況はかなり大雑把です。テレビの電源を切る、ソファから立ち上がる、着替え室のドアを開ける、服を脱ぐ、浴槽に足を入れる、といった出来事のどれも［風呂に入るところ］といえます。

　それに対し、日本手話は時間や出来事の区切り方が日本語より細かいといってよいかもしれません。［風呂に入るところ］は、まず、引用RS"私　風呂"としてから、行動RSに入ります。どんな状況であるかを示せる場合は、上の例文のように、行動RS"ドアを開ける"としたり、行動RS"服をぬぐ"、行動RS"立ち上がる"でもかまいません。出来事が特定されていなくて、抽象的な表現をとりたい場合は、行動RS"向かおうとする"を使います。

引用RS"私　風呂　文末指さし"

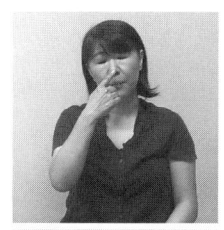

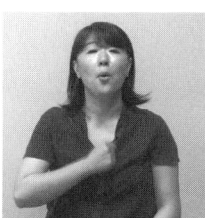

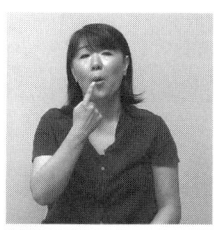

| RS〈私〉 | RS〈お風呂〉 | RS〈文末指さし〉 |

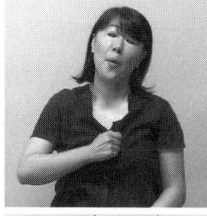

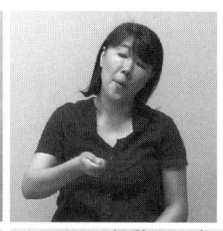

行動RS"ドアを開ける"

| RS〈私〉 | RS〈お風呂〉 | 行動RS〈ドアを開ける〉 |

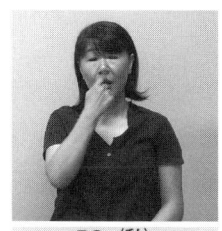

行動RS "服をぬぐ"

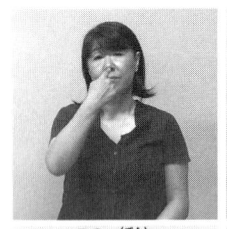

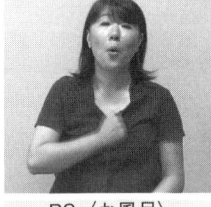

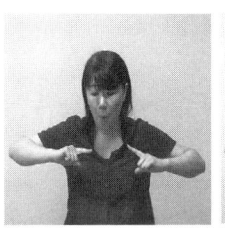

| RS〈私〉 | RS〈お風呂〉 | 行動RS〈着替える〉 |

行動RS "立ち上がる"

| RS〈私〉 | RS〈風呂〉 | 行動RS〈立ち上がる〉 |

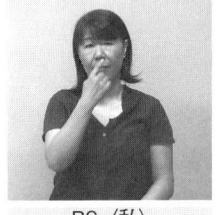

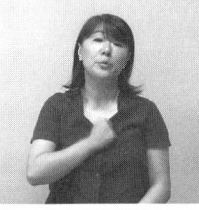

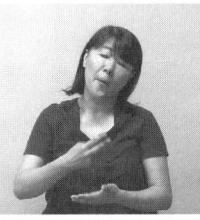

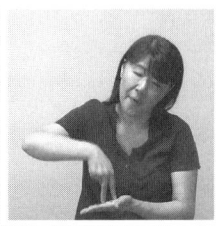

行動RS "向かおうとする"

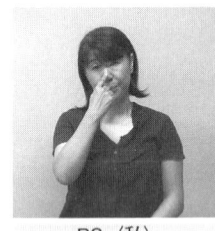

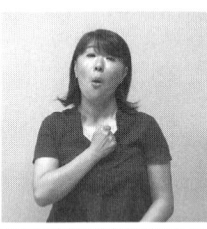

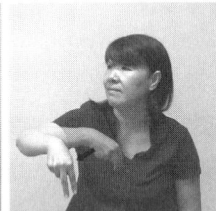

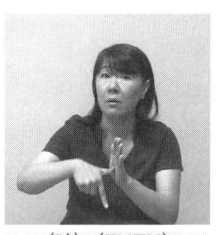

| RS〈私〉 | RS〈風呂〉 | 行動RS〈向かう〉 | 〈時〉(THEN) |

　事故の知らせを受け取ったのが風呂に入る寸前であることをいいたい場合、下の例文のように引用RS"私、風呂"の後、[その時] という意味をもつNMM（THEN）が現れます。

■日本手話例文〈PT 1 rs 私 "風呂 -pt1 THEN- 驚く（知る）"、rsS "事故！"、 知る -pt1〉

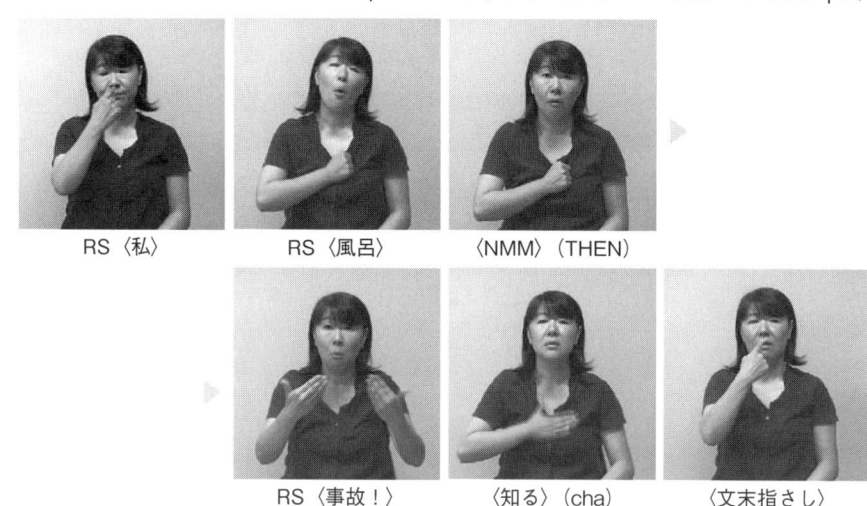

RS〈私〉　　RS〈風呂〉　　〈NMM〉（THEN）

RS〈事故！〉　　〈知る〉（cha）　　〈文末指さし〉

　文法化された発見の NMM を伴った行動 RS を文頭にもってきます。他者が「誰かが事故があった」と伝える引用 RS "事故！" が続き、文末に結果として〈知る　文末指さし〉［私は知った］が入ります。この〈知る〉には NMM《cha》がつきます。

（参考）日本手話例文〈PT 1 rs 私 "風呂 -pt1　向かう"、THEN　電話、"驚く（知る）"、事故　知る -pt1〉

　日本手話では、手段が重要視されます。事故の知らせが電話によってもたらされた場合は、次のような例文になります。

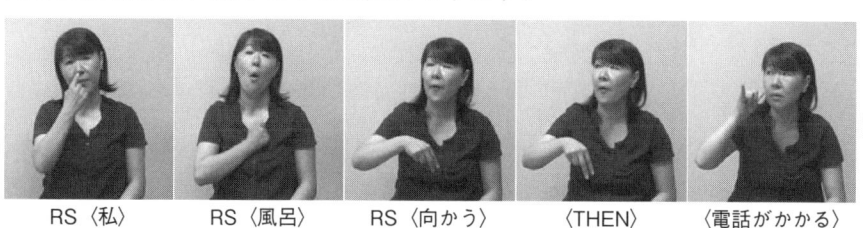

RS〈私〉　　RS〈風呂〉　　RS〈向かう〉　　〈THEN〉　　〈電話がかかる〉

111

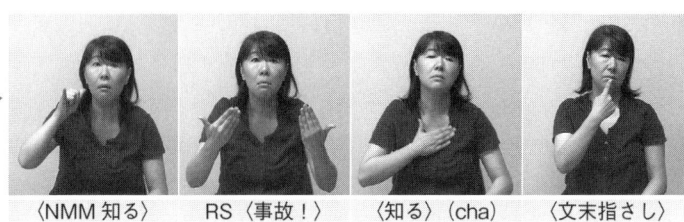

〈NMM 知る〉　RS〈事故！〉　〈知る〉(cha)　〈文末指さし〉

> **事故のことは聞いたばかりなので、詳しいことはわかりません**

○手指日本語例文〈事故　こと　今　聞く　突然　ので、詳しい　こと　わからない　です〉

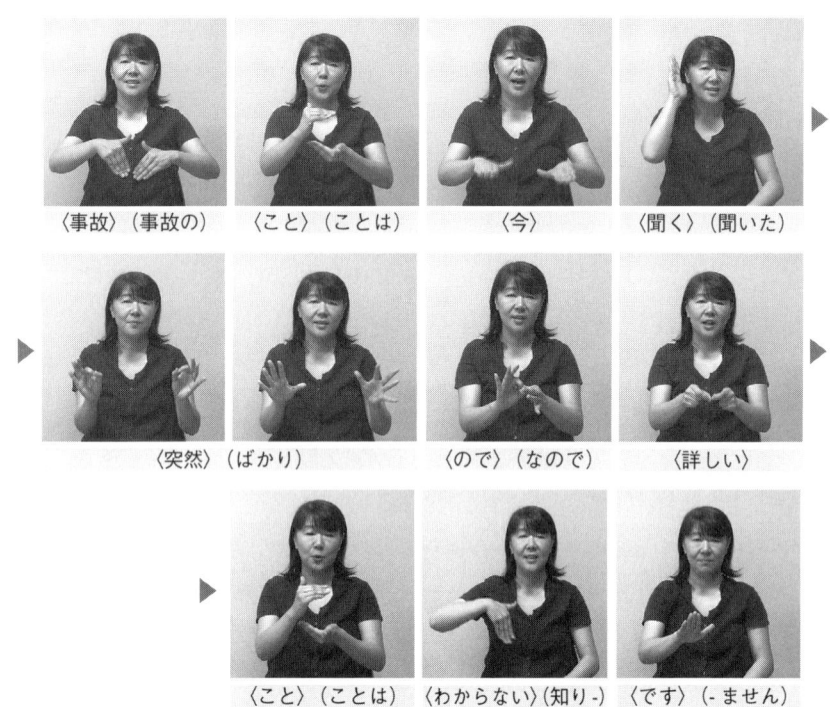

〈事故〉(事故の)　〈こと〉(ことは)　〈今〉　〈聞く〉(聞いた)

〈突然〉(ばかり)　〈ので〉(なので)　〈詳しい〉

〈こと〉(ことは)　〈わからない〉(知り-)　〈です〉(-ません)

　上の例文は「事故のことはいま聞いたばかりなので、詳しいことはわかりません」です。「〜ところだ」は〈場所〉を代用品として使います。〈で

す〉は、過去形でないことを示すために用います。

〈参考〉手指日本語例文〈事故　今　聞く　ので、詳しい　わからない〉
　手指日本語では、手単語が抜け落ちることがよくあります。上の例文では、〈こと〉、〈場所〉、〈です〉を落とすことがあるようです。「事故のことはいま聞いたところなので、詳しいことはわかりません」を発話しながら、下のように手単語を並べます。

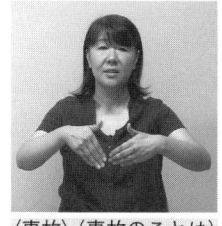

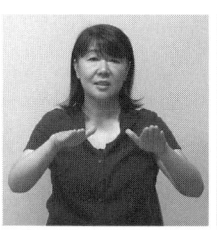

〈事故〉（事故のことは）　〈今〉　〈聞く〉（聞いたところ）

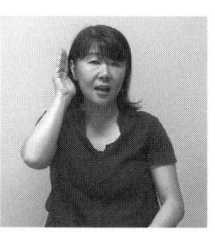

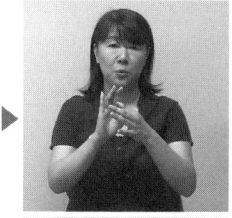

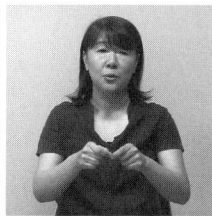

〈ので〉（なので）　〈詳しい〉（詳しいことは）　〈わからない〉（わかりません）

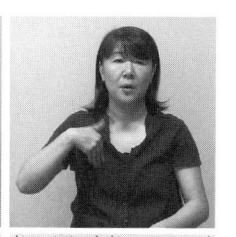

　手単語を抜かすのは、意外に手話学習歴の長い人や通訳経験のある聴者です。手指日本語のベテランになればなるほど、手単語や手話に必要な文法要素（NMM等）を落とす傾向にあります。音声日本語と手話を同時に使うようにするために、どちらかが犠牲にならざるを得ないのですが、聴者の場合は、手話を犠牲にすることがほとんどです。

■日本手話例文〈事故　今‐前　聞く　文末指さし、詳しい　わからない　文末指さし〉

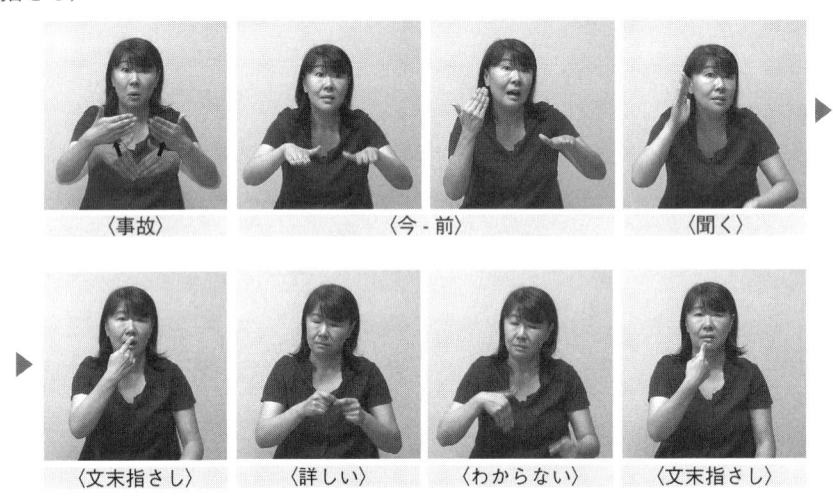

|〈事故〉|〈今‐前〉|〈聞く〉|
|〈文末指さし〉|〈詳しい〉|〈わからない〉|〈文末指さし〉|

　日本手話では、[いま～したところだ]にあたる表現をNMMと〈今‐前〉を組み合わせて表現します。〈聞く　文末指さし〉の後に順接[ので]にあたるNMMが表現されます。〈詳しい〉には[～こと]に相当するNMMがつきます。文末ではあごの位置が後ろにくるようにします。

〈今‐前〉今～（したことろだ）

〈今‐前〉

〈今 - 前〉たった今〜（したところだ）

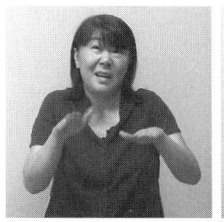

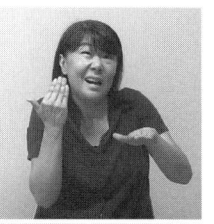

〈今 - 前〉

　上のふたつの写真の違いがわかるでしょうか？　違いはNMMにあります。上の写真は、［今〜したところだ］に相当するNMMで、下の写真は［たった今〜したところだ］に相当するNMMです。［今］に比べ、［たった今］のほうがより直前に起きたことを意味するので、それを強調するNMMになります。

来週までにレポートを書いておきます
○手指日本語例文〈来週　まで　レポート　書く　です〉

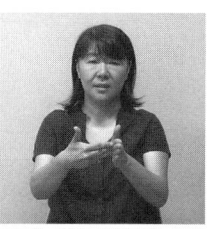

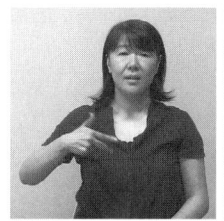

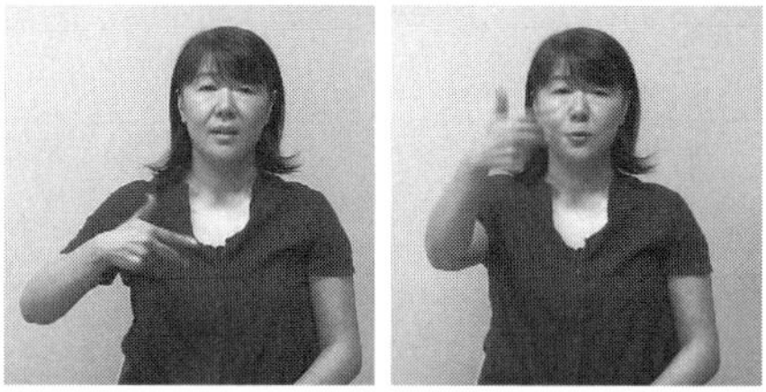

〈来週〉　　　　　　　　　　　〈まで〉（までに）

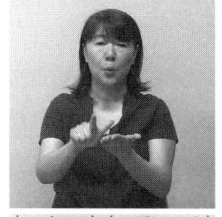

〈レポート〉（レポートを） 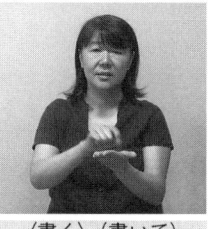　〈書く〉（書いて） 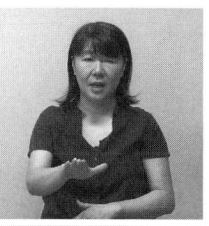　〈です〉（おきます）

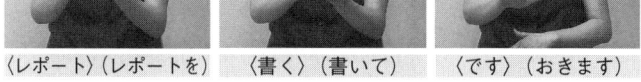

上の例文は「来週までにレポートを書いておきます」です。「〜ておく」は、手単語〈です〉を代用します。手話話者からみれば［書きます］、［書いておきます］どちらにも読め、区別できません。日本手話では下記のようになります。

■日本手話例文〈レポート　来週　まで　書く　文末指さし〉

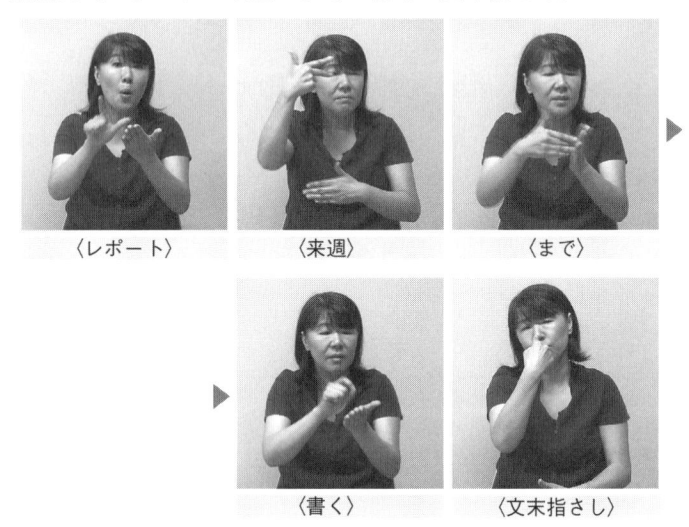

〈レポート〉　〈来週〉　〈まで〉

〈書く〉　〈文末指さし〉

〈書く　文末指さし〉に意志を示すNMMがつきます。「〜ておく」は、ある目的のためにあらかじめある行為を行なうという意味なので、手話の場合、ある目的について述べる文が続くことになります。

今わかる

○手指日本語例文〈今　わかる〉

〈今〉　〈わかる〉

第 2 章　時間を表す表現

■日本手話例文〈今　わかる　文末指さし〉

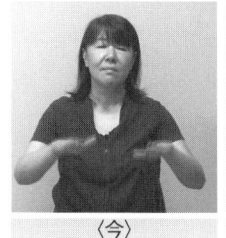

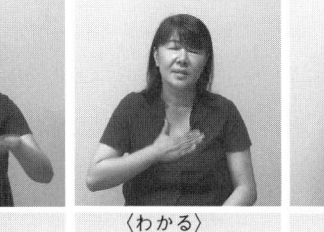

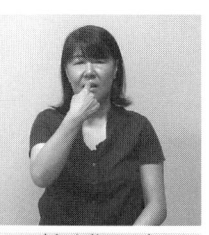

〈今〉　〈わかる〉　〈文末指さし〉

今にわかる

○手指日本語例文〈今、わかる〉

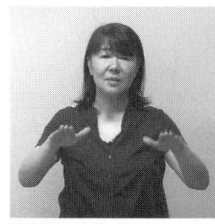

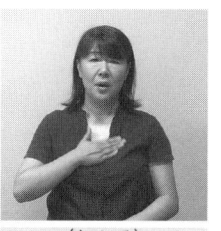

〈今〉（今に）　〈わかる〉

■日本手話例文〈後　わかる　くる〉

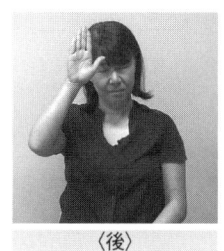

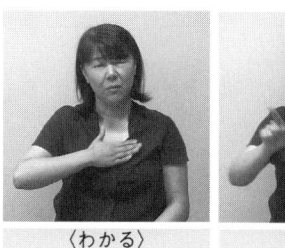

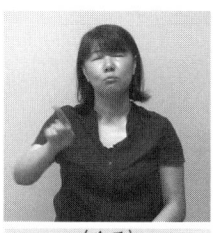

〈後〉　〈わかる〉　〈くる〉

　「今わかる」と「今にわかる」は、手指日本語では上の写真からもわかるように、どちらも同じ表現になります。日本手話では、「今にわかる」は、手単語〈今〉は用いず、〈後〜くる〉という慣用的な表現を用います。

〈くる〉は、「するに違いない」、「〜するに間違いない」に近い意味を持ちます。

(参考) 手指日本語例文〈今　に　わかる〉

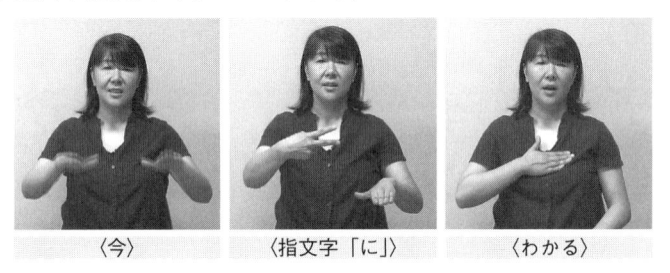

| 〈今〉 | 〈指文字「に」〉 | 〈わかる〉 |

第3章
日本手話らしい表現を手指日本語でやるとどうなる？

　日本手話ならではの、日本手話らしい表現はたくさんあります。しかし、その日本手話の表現は、日本語の表現とはあまりにも違いすぎて、手指日本語にするのは難しいでしょう。ここでは、日本手話らしい表現を紹介し、それを手指日本語で表現してみた場合、どのような表現になるのか検証してみます。この場合の手指日本語は、「手話でわかりやすく表現できる」ために、日本語としての自然さが失われている可能性もあります。

指さし

　日本手話には、代名詞としての指さしのほかに文末代名詞としての指さしがあります。

私が言う

■日本手話例文〈言う -pt1〉

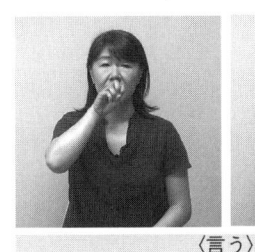

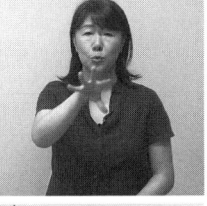

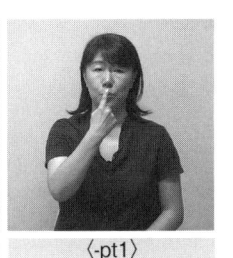

〈言う〉　　〈-pt1〉

■日本手話例文〈私　言う〉

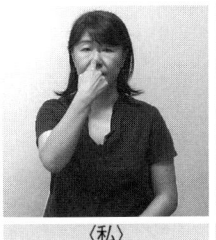

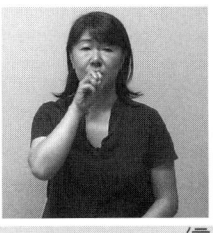

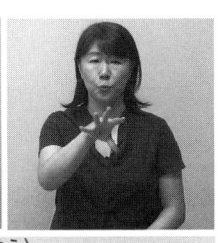

〈私〉　　〈言う〉

■日本手話例文〈私　言う-pt1〉

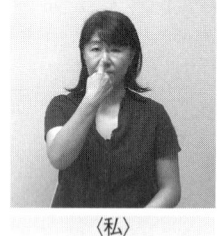

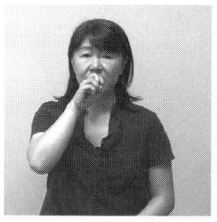

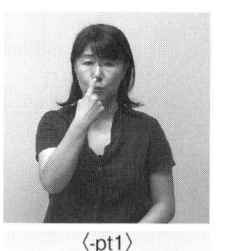

〈私〉　　〈言う〉　　〈-pt1〉

　上の三つの例文は、いずれも［言う］の動作主が［私］であることを意味します。ひとつ目の例文は、文末代名詞〈-pt1〉があることで動作主が［私］であることがわかります。文末代名詞が〈-pt2〉の場合、［言う］の動作主は［あなた］です。同じく〈-pt3〉の場合、［言う］の動作主は［彼／彼女］になります。以上は〈言う〉にNMMがないケースです。

（あなたが）言う
■日本手話例文〈言う-pt2〉

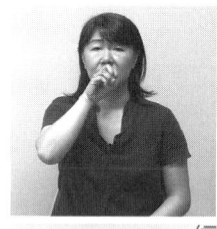

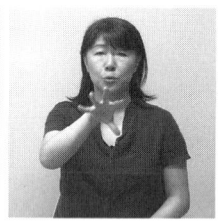

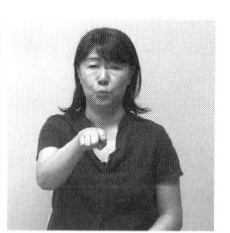

〈言う〉　　〈-pt2〉

（彼／彼女が）言う
■日本手話例文〈言う-pt3〉

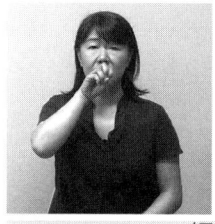

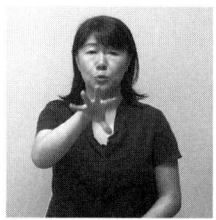

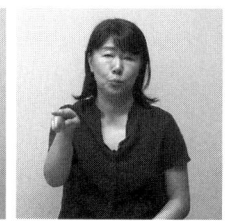

〈言う〉　　〈-pt3〉

上のふたつの例文は主語がありませんが、文末指さしによって、動作主を特定することができます。文末指さしが〈-pt2〉の場合は、動作主は［あなた］、〈-pt3〉は、その場にいない人物を含め、［彼／彼女］となります。

　余談になりますが、上の例文で、〈言う〉の部分がレファレンシャル・シフト（RS）で表現された場合、動作主は［私］で、意味もそれぞれ「（私は）あなたに言う」、「（私は）彼／彼女に言う」に変わります。

（あなたが私に）言う
■日本手話例文〈言う-pt2〉

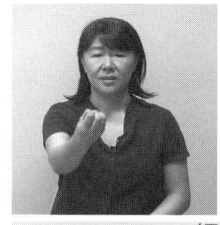

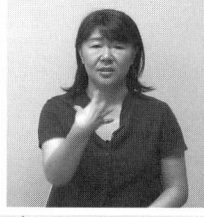

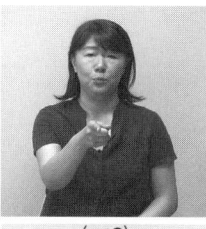

（彼／彼女が私に）言う
■日本手話例文〈言う-pt3〉

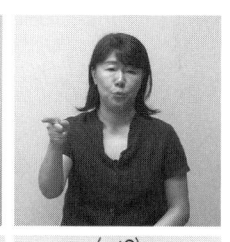

　動詞〈言う〉は一致動詞のひとつです。上のふたつの例文では、動詞〈言う〉の向きを変えることで、誰が誰に〈言う〉のかわかるようになっています。上の例文は、それぞれ文末代名詞が〈-pt2〉、〈-pt3〉になっていますが、それを〈-pt1〉に置き換えると、［私に］に焦点がおかれ、日本語でいえば、「（あなたに、彼／彼女に）言われた」になります。

第2部 実例編

田中が佐藤に言う

■日本手話例文〈田-中　佐藤　言う〉

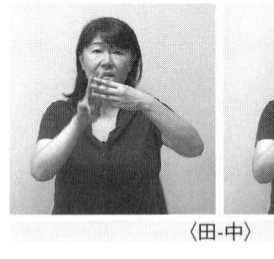

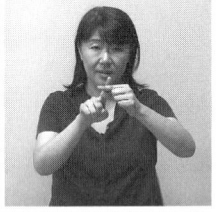

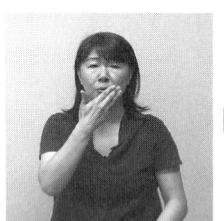

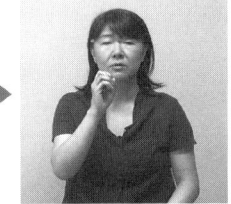

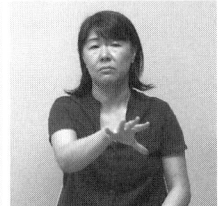

〈田-中〉　〈佐藤〉

〈言う〉

○手指日本語例文〈田-中　男　佐藤　言う　終わり〉

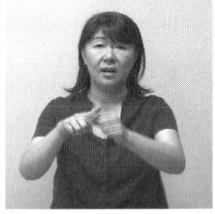

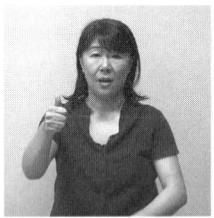

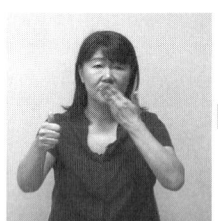

〈田-中〉　〈男〉（さんは）　〈佐藤〉（佐藤さん）

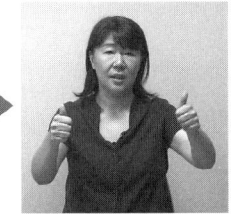

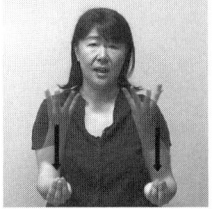

（に）　〈言う〉（言い）　〈終わり〉（ました）

第3章　日本手話らしい表現を手指日本語でやるとどうなる？

田中は佐藤に言われた

■日本手話例文〈田-中　佐藤　言う〉

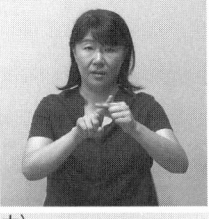

〈田-中〉 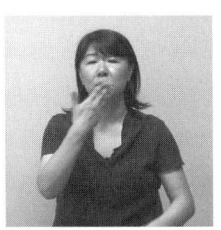　〈佐藤〉

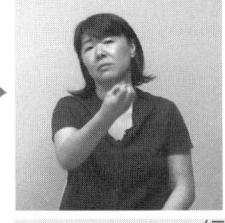

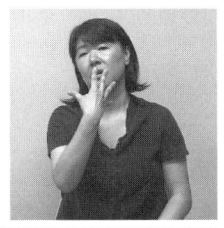

〈言う〉

○手指日本語例文〈田-中　男　佐藤　言う　終わり〉

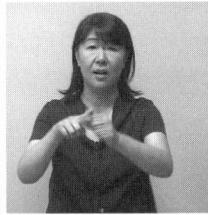

〈田-中〉 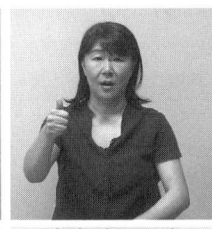　〈男〉（さんは） 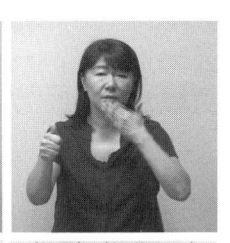　〈佐藤〉（佐藤さん）

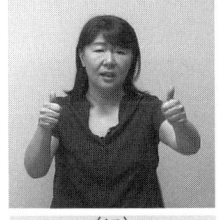

（に） 　〈言う〉（言われ） 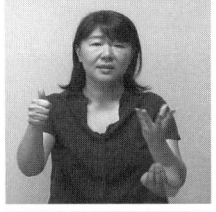　〈終わり〉（ました）

第2部 実例編

〈言う〉は、一致動詞のひとつですが、手指日本語では、誰が誰にいったのかを説明するのに、写真のように回りくどい表現をとります。右側の〈男〉が「田中」で、左側の〈男〉は「佐藤」です。右側の〈男〉から左側の〈男〉に向けて〈言う〉を表現すれば、［田中が佐藤に言う］、逆の場合は［田中が佐藤に言われる］です。日本手話の例文と比べるとわかると思いますが、日本手話では視線やレファレンシャルシフト（RS）等のNMMを用いて「誰が誰に」というのを明確にします。

RS（レファレンシャルシフト）

レファレンシャルシフト（Referential Shift）もしくはロールシフト（Role Shift）は、日本手話でもっとも重要な文法要素でしょう。日本語にすると「役割明示指標」です。手話の話者が1人で複数の話し手（人物）の役割を担う表現のことです。このRSは、行動RSと引用RSに分けられます。

【行動RS】

> 私が子どもの頃、歯ブラシが喉に刺さり、びっくりした母が救急車を呼んだという経験があります

■日本手話例文〈私　前（ずっと昔）、RS（私）歯を磨いている、歯ブラシが喉に刺さる、私　母　RS（母）NMM発見（…）　慌てる　救急　電話をかける、RS（私）　呆然と立っている　経験-終わり　文末指さし〉

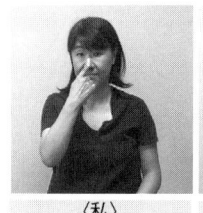

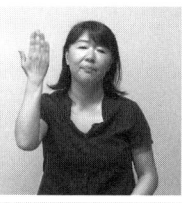

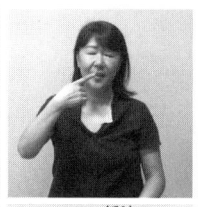

| 〈私〉 | 〈前〉 | RS〈私〉 | RS〈歯を磨いている〉 |

第3章　日本手話らしい表現を手指日本語でやるとどうなる？

RS〈歯ブラシが喉にささる〉	〈母〉	NMM 発見（…）	RS〈慌てる〉
〈救急車〉	RS〈電話をかける〉	〈私〉	
RS〈呆然と立っている〉	〈経験〉	〈終わり〉	〈文末指さし〉

　上の文では、手話の話者が、[歯ブラシが喉に刺さったときの私]と[私の母]のふたつの役割を明示しています。（…）は、発見のNMMです。
　これと同じ内容を手指日本語で表現すると、おそらく次のようになるでしょう。

○手指日本語例文〈私　子ども　頃、歯ブラシ　喉　刺さる、びっくりする　母　慌てて　電話する　救急車　呼ぶ、経験　あった〉
(「私が子どもの頃、歯ブラシが喉に刺さり、びっくりした母が慌てて電話して、救急車を呼んだという経験があるんです)

第 2 部 実例編

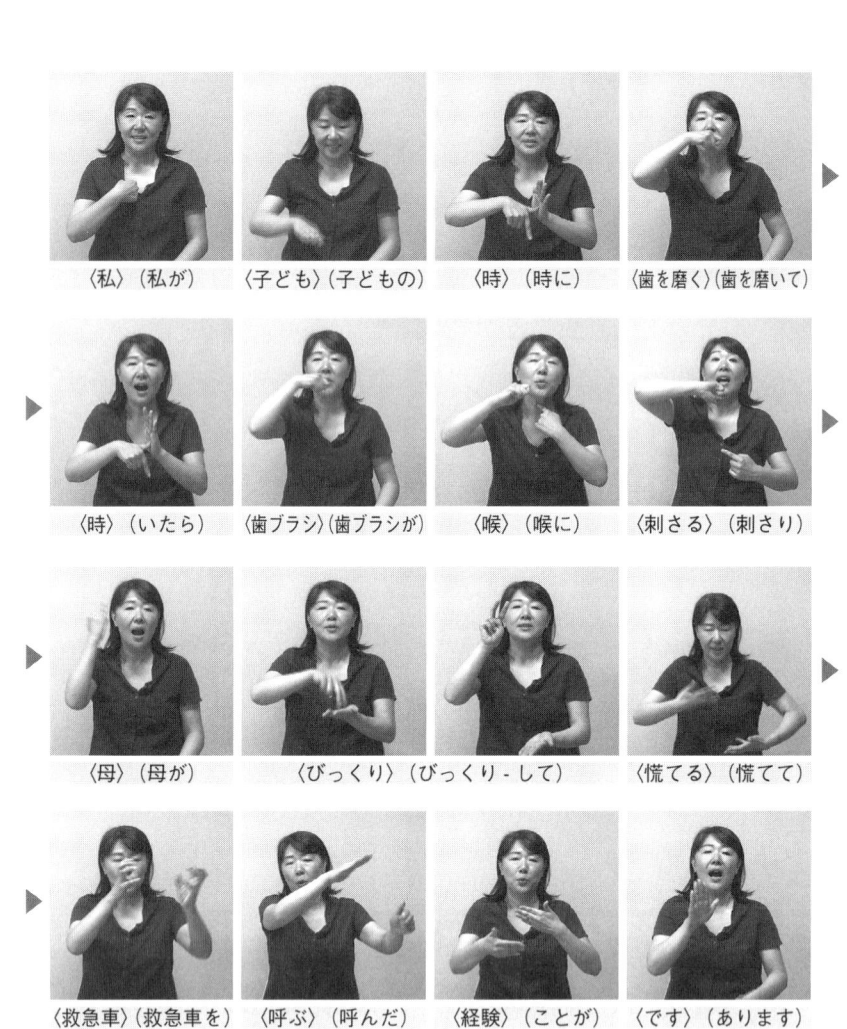

| 〈私〉（私が） | 〈子ども〉（子どもの） | 〈時〉（時に） | 〈歯を磨く〉（歯を磨いて） |

| 〈時〉（いたら） | 〈歯ブラシ〉（歯ブラシが） | 〈喉〉（喉に） | 〈刺さる〉（刺さり） |

| 〈母〉（母が） | 〈びっくり〉（びっくり-して） | 〈慌てる〉（慌てて） |

| 〈救急車〉（救急車を） | 〈呼ぶ〉（呼んだ） | 〈経験〉（ことが） | 〈です〉（あります） |

第 3 章　日本手話らしい表現を手指日本語でやるとどうなる？

【引用 RS】

本を忘れたけれど友達に貸してもらえました

■日本手話例文〈PT1 前　RS（私）「本、忘れた！　どうする！」かまわない　友達、「借りる　かまわない？」、RS（友達）…「かまわない」、RS（私）…「ほっとする」、本　借りる -pt1〉

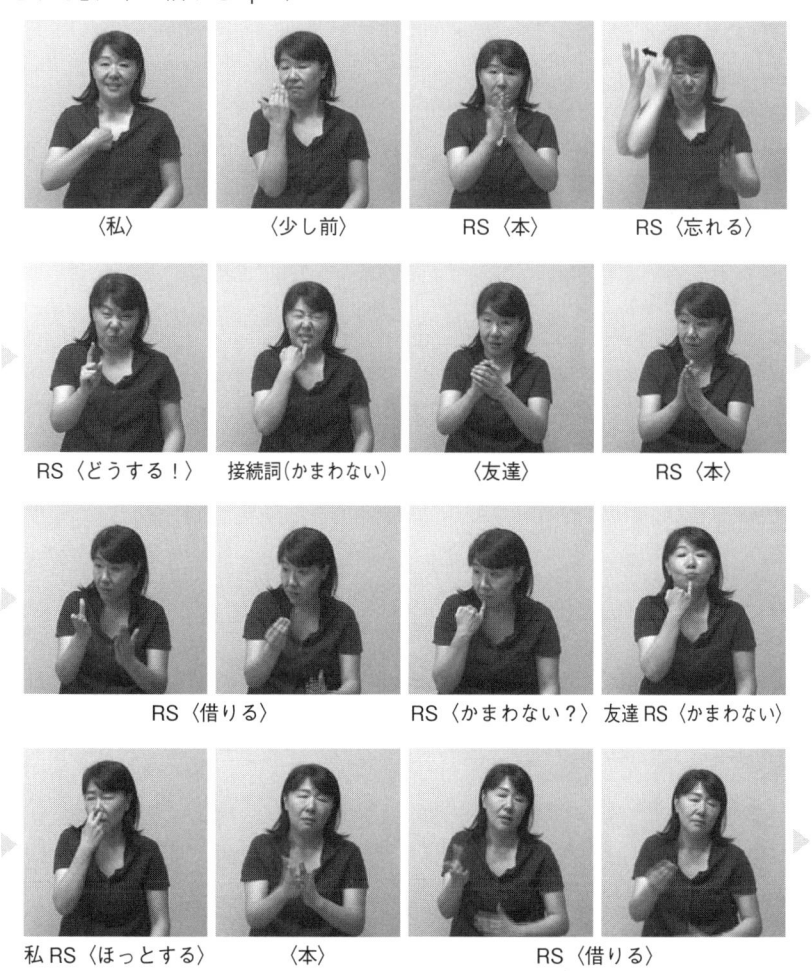

| 〈私〉 | 〈少し前〉 | RS〈本〉 | RS〈忘れる〉 |

| RS〈どうする！〉 | 接続詞(かまわない) | 〈友達〉 | RS〈本〉 |

| RS〈借りる〉 | RS〈かまわない？〉 | 友達 RS〈かまわない〉 |

| 私 RS〈ほっとする〉 | 〈本〉 | RS〈借りる〉 |

127

〈できた〉 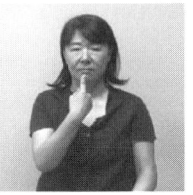　〈文末指さし〉

上の例文を自然な日本語に訳せば、「本を忘れたけれど、友達に貸してもらえました」でしょうか。

これを手指日本語で表現するとしたら、おそらく下のようになるでしょう。

○手指日本語例文〈私　本　忘れた　しかし　友達　頼んだ、友達　借りる-できた〉（本を忘れたけれども、友達にお願いして、借りることができた）

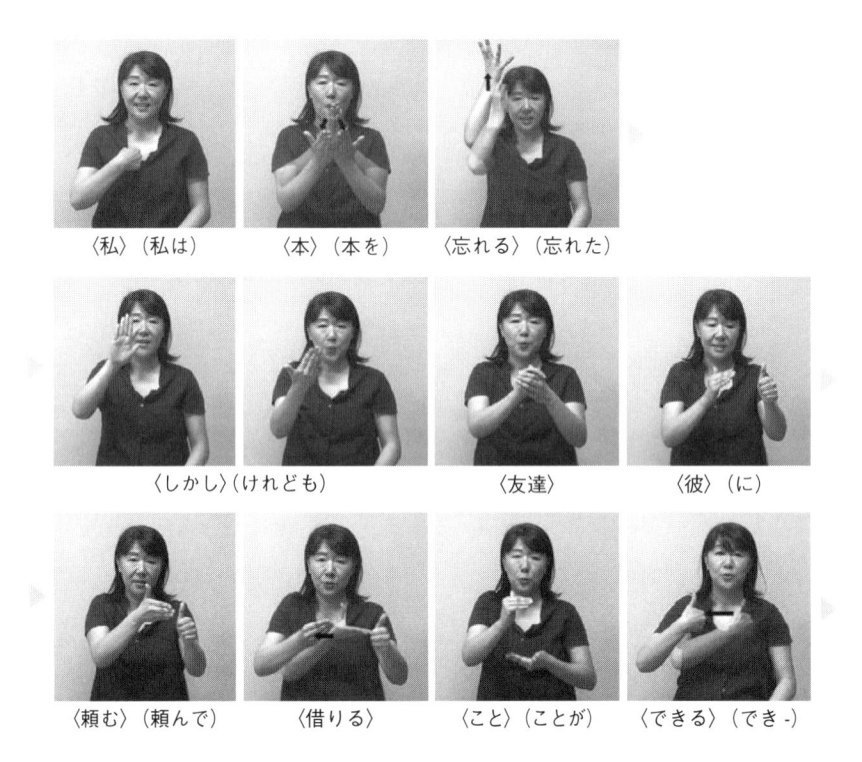

〈私〉（私は）　〈本〉（本を）　〈忘れる〉（忘れた）

〈しかし〉（けれども）　〈友達〉　〈彼〉（に）

〈頼む〉（頼んで）　〈借りる〉　〈こと〉（ことが）　〈できる〉（でき-）

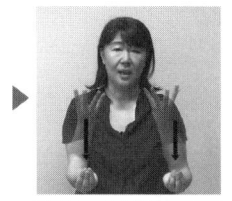

第3章　日本手話らしい表現を手指日本語でやるとどうなる？

〈終わり〉（-ました）

風呂に入って日本に帰ってきたことをようやく実感できた

■日本手話例文〈RS 私　風呂　入る、肩までつかる、…、RS 私　「日本　帰る -pt1」〉

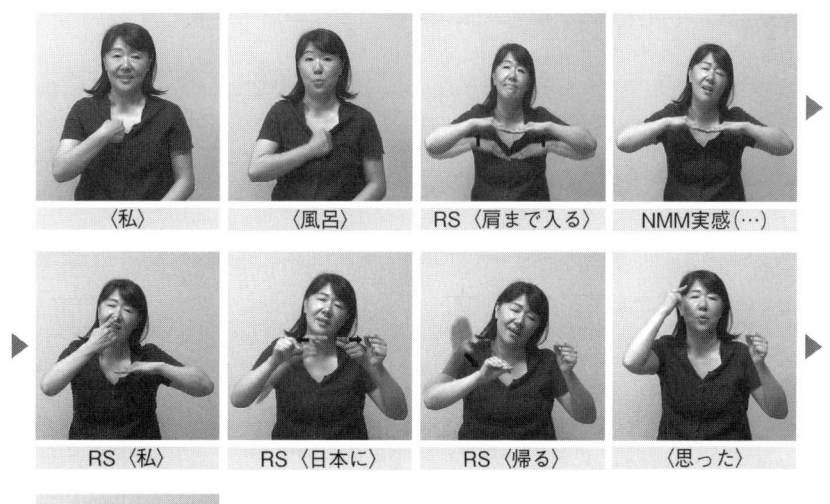

〈私〉　〈風呂〉　RS〈肩まで入る〉　NMM実感（…）

RS〈私〉　RS〈日本に〉　RS〈帰る〉　〈思った〉

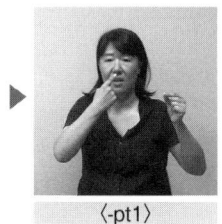

〈-pt1〉

　風呂でゆっくりできたことで日本に帰国したことを実感する際に、思考引用RS"日本　帰る"が入ります。(…)部分は前文を受けてのNMM（実感）です。

○手指日本語例文〈私　風呂　入る　やっと　日本　帰る　こと　本当　思う〉

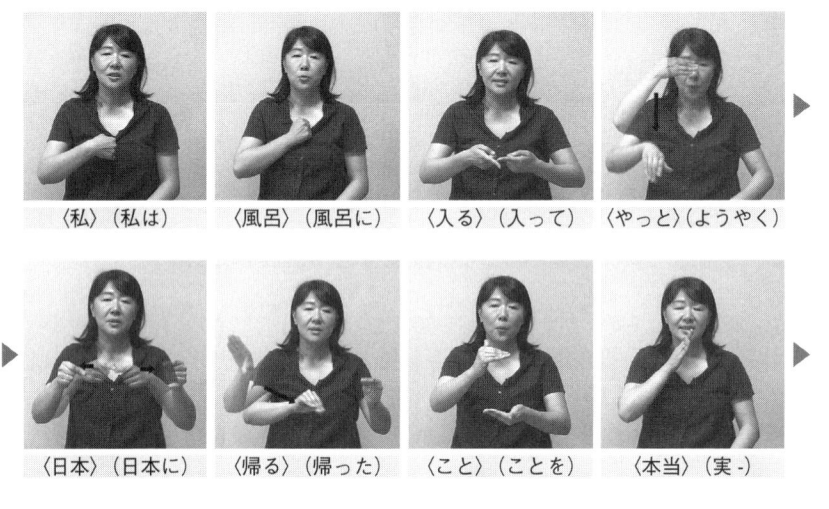

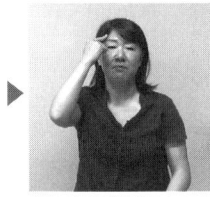

〈私〉(私は)　〈風呂〉(風呂に)　〈入る〉(入って)　〈やっと〉(ようやく)

〈日本〉(日本に)　〈帰る〉(帰った)　〈こと〉(ことを)　〈本当〉(実-)

〈思う〉(-感しました)

【行動 RS+ 引用 RS】

友達は幽霊が見えるというけれども、私にはまったく見えない。私には霊感がないよね

■日本手話例文〈私友達　RS 友達（行動：幽霊が見える、引用：幽霊いる）、RS 私（行動：彼女を見る　引用：幽霊　いる？　行動：何も見えない空間を見る、不思議に思う）、PT 1　霊感　ゼロ -pt1〉

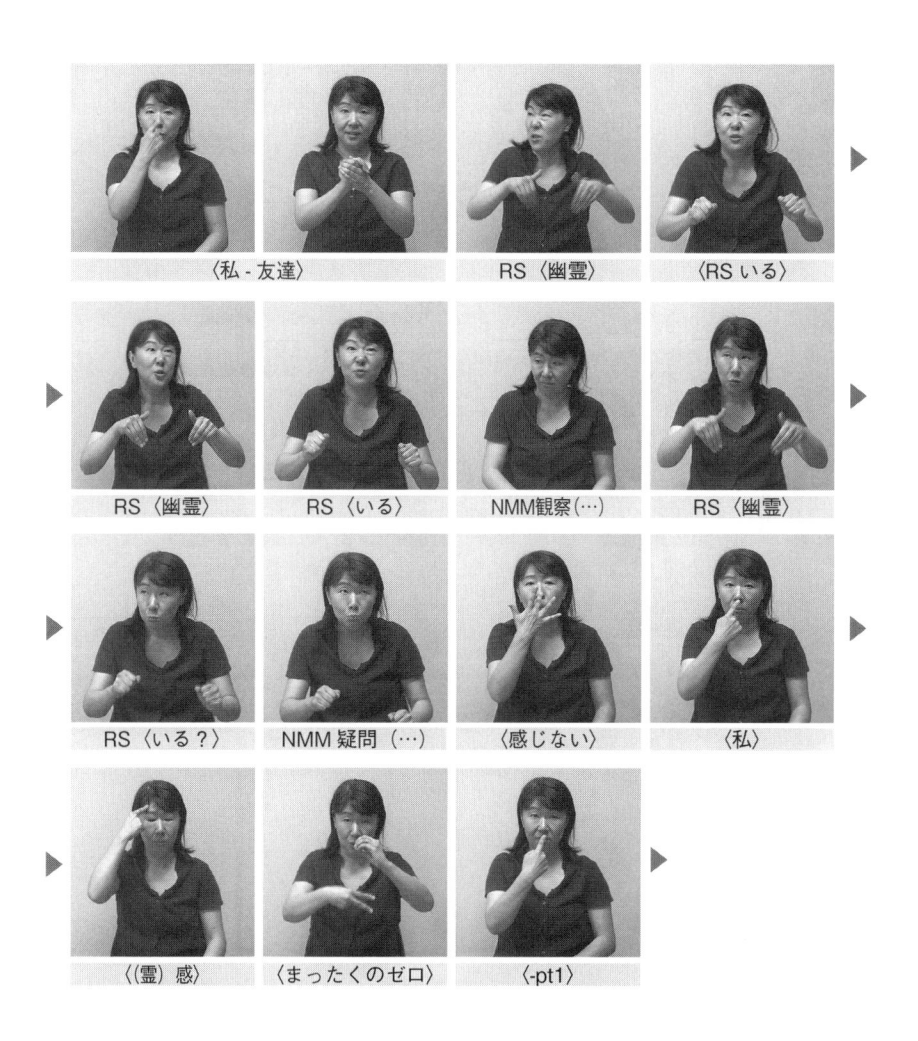

第3章　日本手話らしい表現を手指日本語でやるとどうなる？

〈私-友達〉　　　RS〈幽霊〉　　〈RSいる〉

RS〈幽霊〉　　RS〈いる〉　　NMM観察(…)　　RS〈幽霊〉

RS〈いる？〉　NMM疑問(…)　〈感じない〉　　〈私〉

〈(霊)感〉　〈まったくのゼロ〉　〈-pt1〉

　上の日本手話の例文は、行動RSと引用RSの両方が出てきます。行動RSだけ、引用RSだけの手話文より、両方を組み合わせた文のほうが多いのです。手指日本語ではおそらく次のように表現できるでしょう。

○手指日本語例文

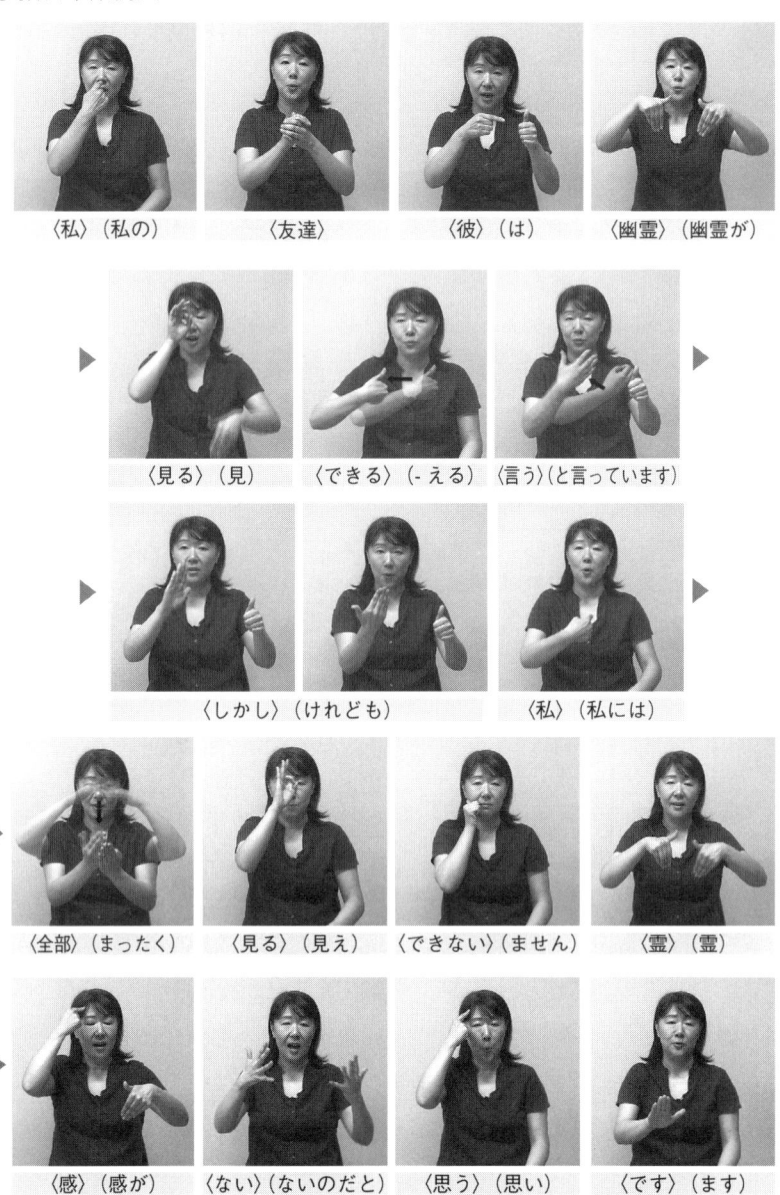

〈私〉(私の)　〈友達〉　〈彼〉(は)　〈幽霊〉(幽霊が)

〈見る〉(見)　〈できる〉(-える)　〈言う〉(と言っています)

〈しかし〉(けれども)　〈私〉(私には)

〈全部〉(まったく)　〈見る〉(見え)　〈できない〉(ません)　〈霊〉(霊)

〈感〉(感が)　〈ない〉(ないのだと)　〈思う〉(思い)　〈です〉(ます)

第3章　日本手話らしい表現を手指日本語でやるとどうなる？

自動詞／他動詞

　風でドアが閉まった様子と風が出てきたから自分でドアを閉めたときの様子を手指日本語でやるとどうなるのでしょうか。

風でドアが閉まった
○手指日本語例文　〈風　ドア　閉まった〉

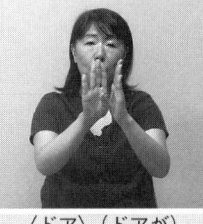

〈風〉（風で）　　〈ドア〉（ドアが）　　〈閉まる〉（閉まった）

■日本手話例文　〈風　CL ドアが閉まる〉

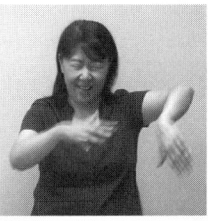

〈風〉　　CL〈ドアが閉まる〉

風が出てきたのでドアを閉めた
○手指日本語例文　〈風　始まった　ので　ドア　閉めた〉

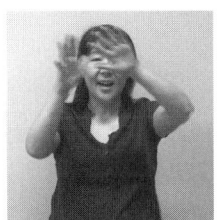

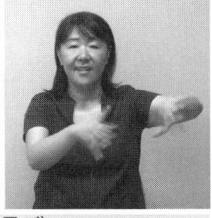

〈風〉（風が）　　〈始まる〉（出てきた）　　〈ので〉

133

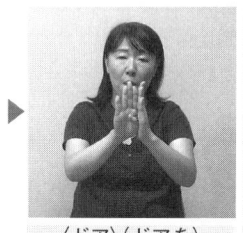

〈ドア〉(ドアを) 　〈閉まる〉(閉め) 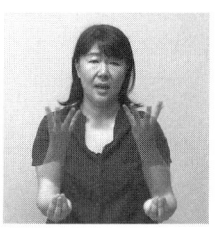　〈終わり〉(ました)

■日本手話例文　〈RS: 私…風、わかる、RS 私：CL ドア閉める〉

NMM発見(…) 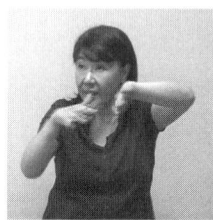　〈風〉 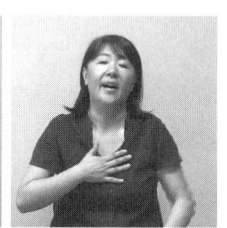　接続詞〈わかる〉

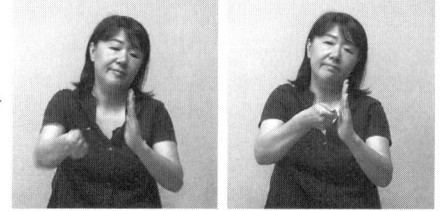

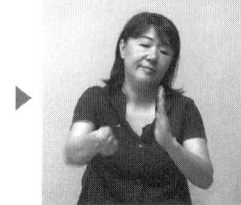

RS〈ドアを閉める〉

　これは、いわゆる自動詞と他動詞の問題です。ここでは自動詞は［閉まる］、他動詞は［閉める］なのですが、手指日本語では、その違いは音声（もしくは口型）だけで、手単語自体にあまり変化はありません。

　上の例文の自動詞の〈閉まる〉では、動作主（ドアを閉める）が不在であることを示すNMMが目に現れています。下の他動詞の〈閉める〉は、RSによって動作主がドアを閉めているという行為を示しています。

　ここで、「ドアが閉まるのを見た」と「ドアを閉めるのを見た」という違いを日本手話ではどう表現するのでしょうか。

第3章　日本手話らしい表現を手指日本語でやるとどうなる？

私はドアが閉まるのを見た

■日本手話例文　〈RS：私…　CL ドアが閉まる　（…）見た -pt1〉

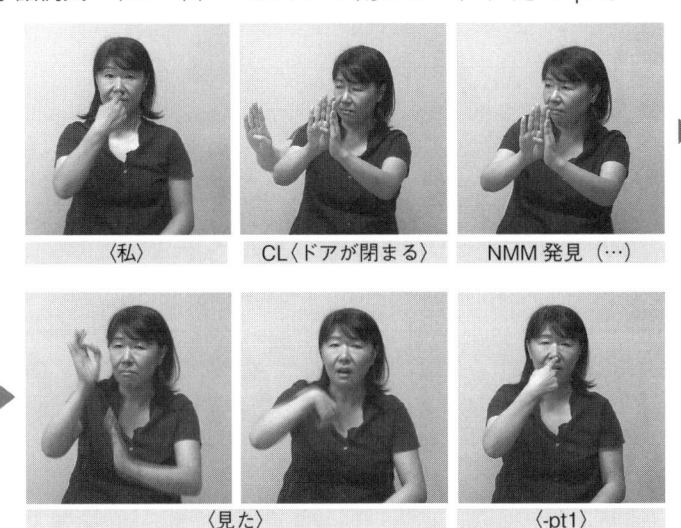

〈私〉　　CL〈ドアが閉まる〉　　NMM 発見（…）

〈見た〉　　〈-pt1〉

○手指日本語例文　〈ドア　CL ドアが閉まる　私　見た〉

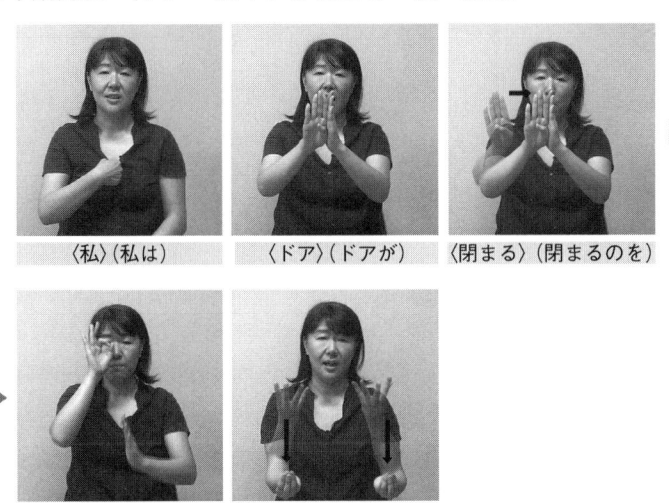

〈私〉（私は）　〈ドア〉（ドアが）　〈閉まる〉（閉まるのを）

〈見る〉（見）　〈終わり〉（ました）

第2部 実例編

私は誰かがドアを閉めるのを見た

■日本手話例文 〈RS：私（…） RS誰か：ドアを閉める RS私（…）見た-pt1〉

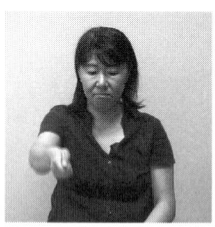

NMM発見（…）	RS誰か〈ドアを閉める〉	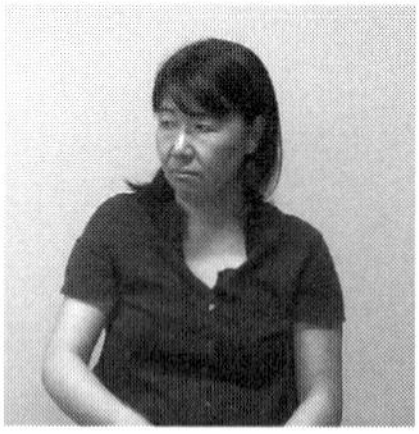	NMM発見（…）

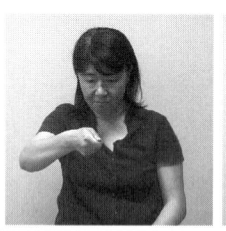

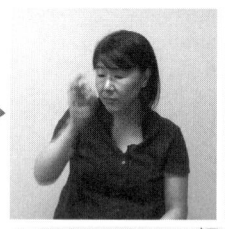

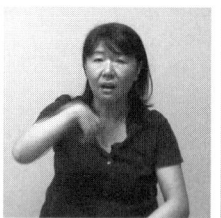

	〈見た〉	〈-pt1〉

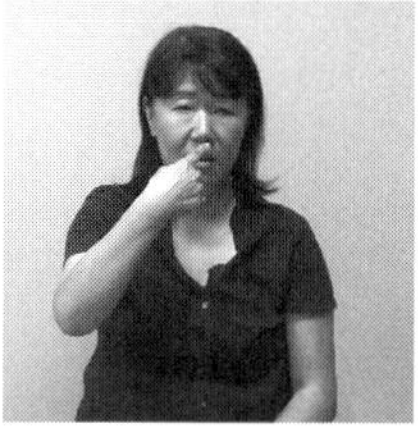

○手指日本語例文 〈ドア 彼が CLドアを閉める 私 見た〉

〈私〉（私は）	〈彼〉（彼が）	〈ドア〉（ドアを）

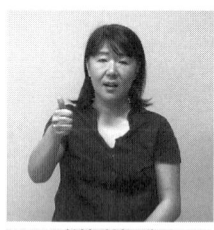

〈閉まる〉（閉める）	〈見る〉（のを見）	〈終わり〉（ました）

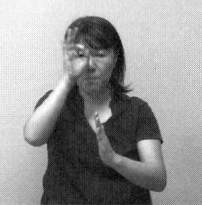

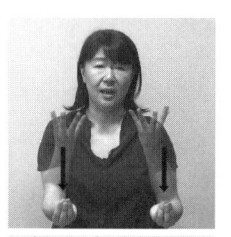

第3章　日本手話らしい表現を手指日本語でやるとどうなる？

　手指日本語は〈彼〉と〈私〉が出てきますが、〈彼〉が何をして、〈私〉が何を見たのか、すぐにはわかりにくくなっています。自動詞と他動詞の違いを手単語で区別できていそうですが、それでも聾者にはわかりにくくなっています。

接続詞的用法

　日本手話の接続詞は、語（手単語）レベルのもの（〈しかし〉〈ので〉〈また〉）と NMM レベルのものがありますが、それとは別に、接続詞的な用法を持つものに変化（文法化）したものがあります。

手単語〈いい〉　【文法化〈A いい B〉】

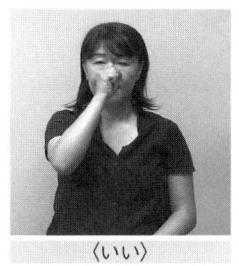

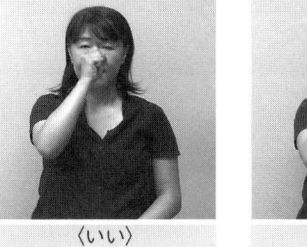

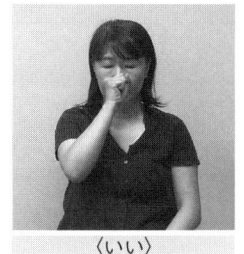

〈いい〉　　〈いい〉

昨日の温泉は良かった
■日本手話例文〈昨日　温泉　RS〈気持ちいい〉、いい〉

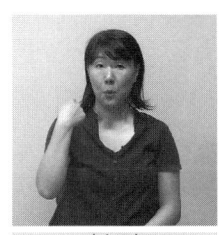

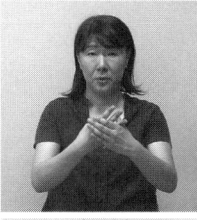

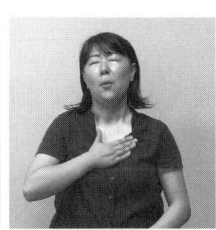

〈昨日〉　〈温泉〉　RS〈気持ちいい〉

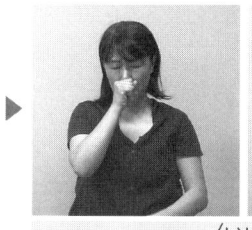

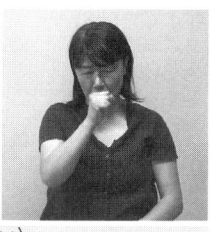

〈いい〉

上の例文は〈いい〉という語の本来の使われ方です。

北海道なのに暑い

■日本手話例文 〈北海道 涼しい いい 暑い-pt3〉

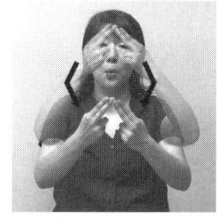

〈北海道〉 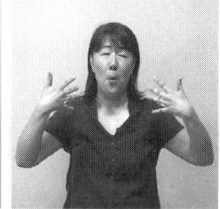 〈涼しい〉 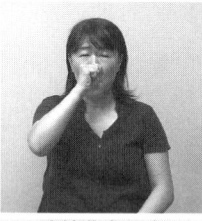 文法化〈いい〉 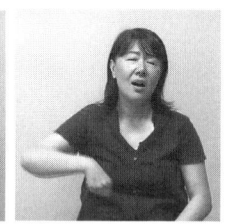 〈暑い〉

Aは〈涼しい〉で、Bの〈暑い〉をつなぐ接続詞が〈いい〉です。「北海道なのに暑い」という意味です。［北海道は涼しい］という前提があり、［暑い］という事実を述べるときに使われる文です。

○手指日本語例文〈北海道 しかし 暑い です〉

〈北海道〉 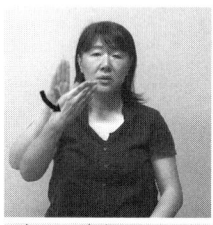 〈しかし〉〈けれども〉 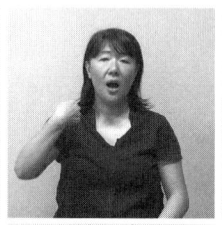 〈暑い〉 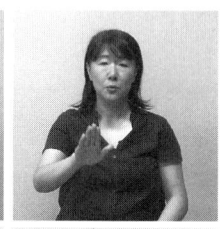 〈です〉

第3章　日本手話らしい表現を手指日本語でやるとどうなる？

私の友達はよく食べているのに痩せている

■日本手話例文　〈私 - 友達　たべる（NMM 副詞：たくさん）、ふとる　いい　やせる− pt3〉

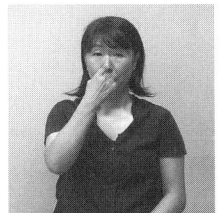

〈私-友達〉 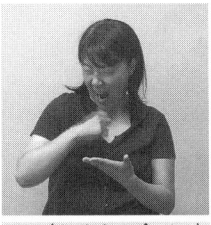　　　RS〈たくさん食べる〉 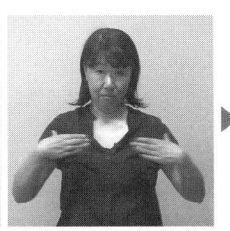　　〈太る〉

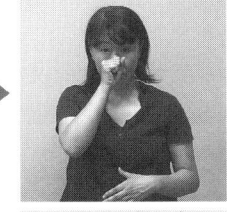

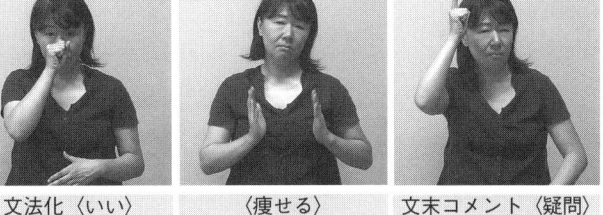

文法化〈いい〉　　〈痩せる〉　　文末コメント〈疑問〉

　Aは〈ふとる〉、Bは〈やせる〉です。Aは当然の期待、前提についてのコメントで、Bはその期待や前提が覆された、あるいは外れたことを示しています。本来の用法で用いられる〈いい〉と文法化された〈いい〉は、NMMも異なりますので、気をつけてください。

手単語〈OK〉　　【文法化〈A OK B〉】

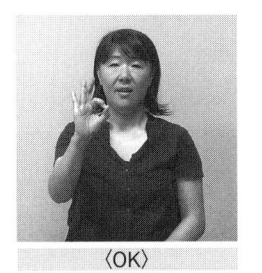

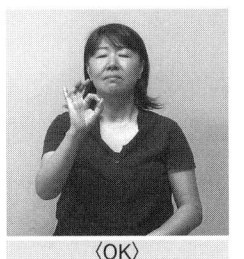

〈OK〉　　〈OK〉

第2部 実例編

準備はできた

■日本手話例文 〈準備　OK〉

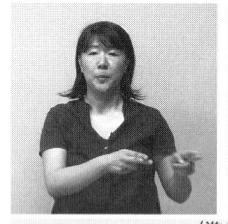

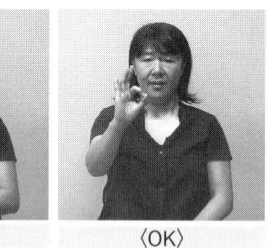

〈準備〉　〈OK〉

　上の例文は〈OK〉という語の本来の使われ方です。〈OK〉のもつ意味は、「できている」「大丈夫」「問題ない」「良い」等とたくさんありますが、文法化されたものは少し違います。

遠足だったのに寝坊してしまった

■日本手話例文 〈明日　遠足　OK　寝る、　寝坊する、文末コメント -pt1〉

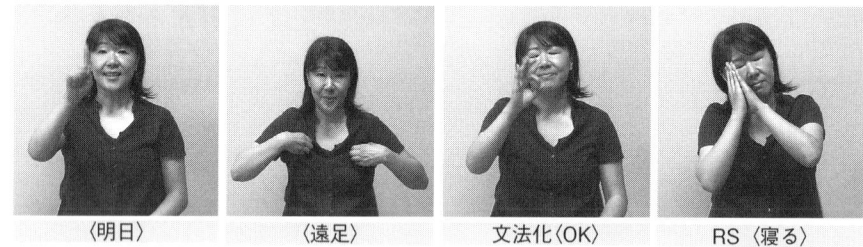

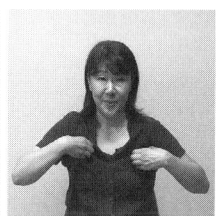

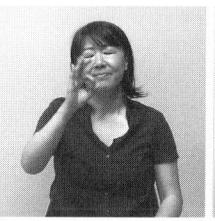

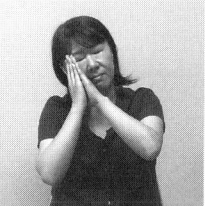

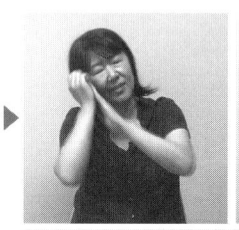

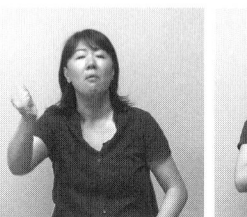

〈明日〉　〈遠足〉　文法化〈OK〉　RS〈寝る〉

RS〈寝坊する〉　文末コメント〈ショック〉　〈-pt1〉

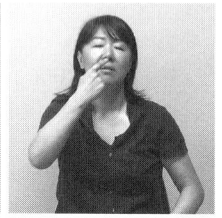

　Aは〈明日　遠足〉でBは〈寝坊〉です。〈ショック -pt1〉は文末コメ

ント（→ 157 ページ）にあたります。〈明日〉となっていますが、過去のことを引用 RS で表出しています。日本語では、「遠足だったのに寝坊してしまった」でしょうか。もうひとつ例文を紹介しましょう。

通訳を用意したのに日本語を話せる方だった

■日本手話例文〈通訳　連れてくる　OK　日本語　できる、文末コメント〈なんだ〉〉

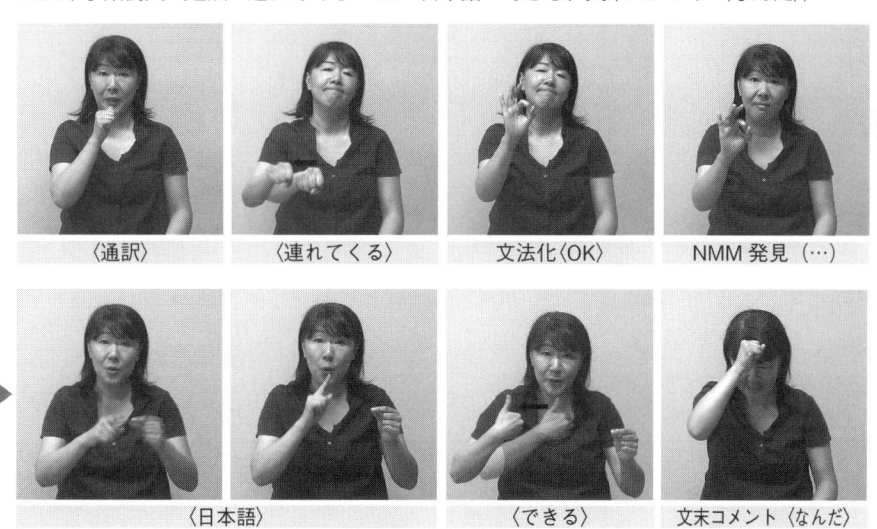

〈通訳〉　〈連れてくる〉　文法化〈OK〉　NMM 発見（…）

〈日本語〉　〈できる〉　文末コメント〈なんだ〉

Ａは〈通訳　連れてくる〉でＢは〈日本語　できる〉です。〈なんだ〉は文末コメントです。さらにもうひとつの例文を紹介しましょう。

買っておいたケーキがなくなっていた

■日本手話例文〈ケーキ　買う　OK　後　冷蔵庫　開ける、ない、文末コメント〈疑問〉〉

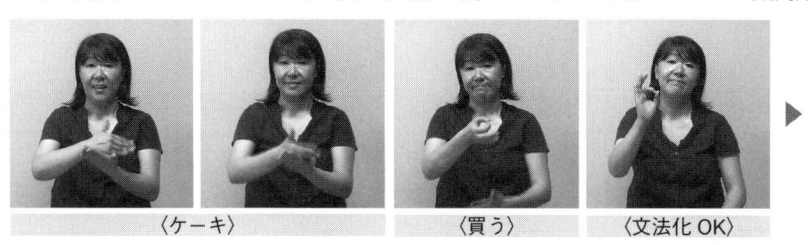

〈ケーキ〉　〈買う〉　〈文法化 OK〉

〈後〉　〈冷蔵庫〉　RS〈冷蔵庫を開ける〉　NMM 発見（…）

〈ない〉　文末コメント〈疑問〉

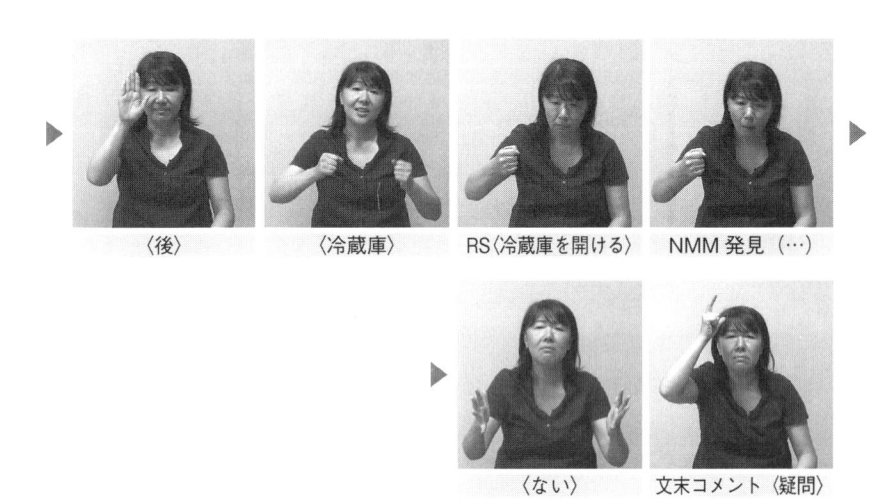

　Aは〈ケーキ買う〉、Bは〈(ケーキ) ない」〉す。〈冷蔵庫　開ける〉は、A〈OK〉B構文の間に挿入されたもので、イベントチェーン（→149ページ）にあたります。

手単語〈わかる〉　【文法化〈A わかる B〉】

〈わかる〉　〈わかる〉

　日本手話の〈わかる〉には、知っている（know）と理解する（understand）の両方の意味を含みます。

田中さんを知っている

■日本手話例文 〈田中 わかる〉

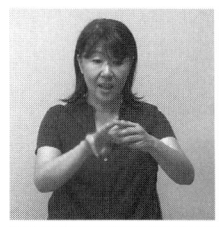

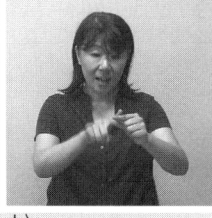

〈田-中〉 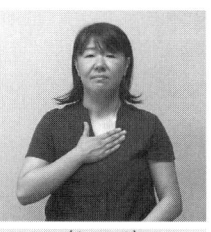 〈わかる〉

　この例文は、「田中さんを知っている」という意味です。主語の〈私〉は省略されていますが日本手話の基本語順がSOV型なので〈田中〉は目的語であることがわかります。

あなたの言うことはよくわかった

■日本手話例文 〈あなた 2話す1 わかる〉

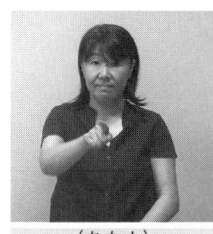

〈あなた〉 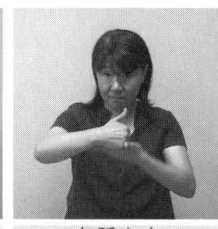 〈2話す1〉 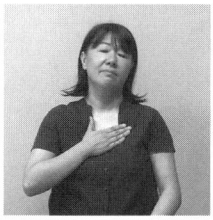 〈わかる〉

　上の例文は「あなたの言うことはよくわかった」で、理解する（understand）に近い用法です。

第2部 実例編

9時集合といっていたのに誰もいなかった

■日本手話例文 〈明日　9時　集合　わかる　行く、いない、文末コメント〈疑問〉〉

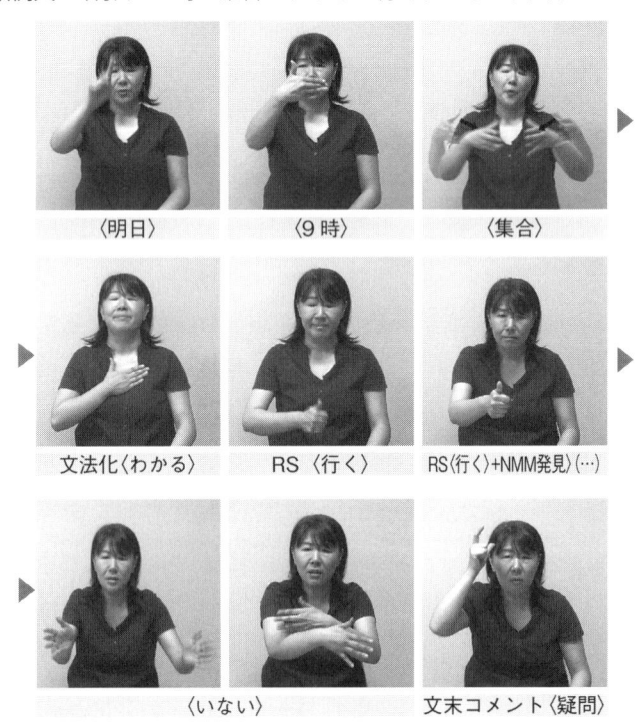

〈明日〉　〈9時〉　〈集合〉

文法化〈わかる〉　RS〈行く〉　RS〈行く〉+NMM発見〉〈…〉

〈いない〉　文末コメント〈疑問〉

　Aは〈明日　9時　集合〉でB〈行く、いない〉です。〈疑問〉は文末コメントです。

○手指日本語例文

〈9〉(9時に)　〈集合〉(集合と)　〈言う〉(言われた)

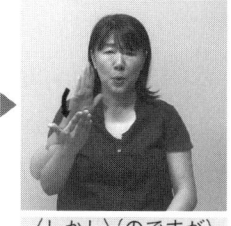

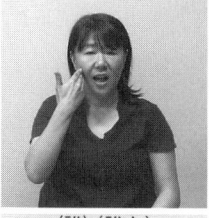

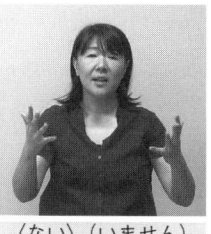

第3章　日本手話らしい表現を手指日本語でやるとどうなる？

〈しかし〉(のですが)　〈誰〉(誰も)　〈ない〉(いません)　〈です〉(でした)

あの独身だった田中さんに子どもが5人もいるなんて

■日本手話例文　〈田-中　結婚　まだ　わかる　(…)　子ども 5 人　いる、文末コメント驚く -pt1〉

〈田-中〉　〈結婚〉　〈まだ〉

文法化〈わかる〉　NMM 発見(…)　〈子ども〉　〈5 人〉

〈いる〉　文末コメント〈驚く〉　〈-pt1〉

　Aは〈田中　結婚　まだ〉でBは〈子ども　5人　いる〉です。〈驚く〉は文末コメントです。日本語でいえば、「あの独身だった田中さんに子ど

もが5人もいるなんて」でしょう。

手単語〈悪い〉

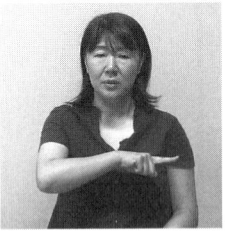

【文法化〈A 悪い B〉】

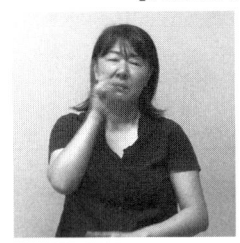

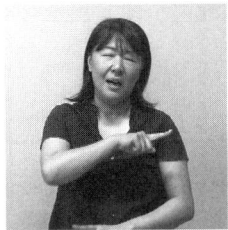

人を殴るのは悪いことだ

■日本手話例文　〈なぐる、悪い -pt3〉

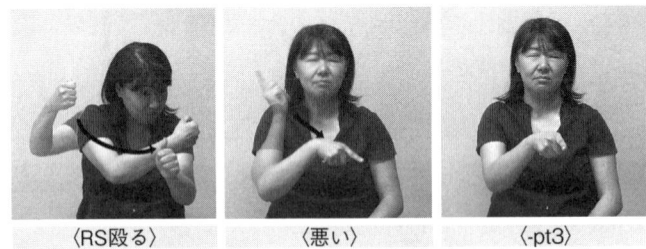

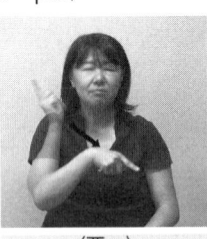

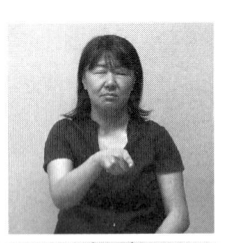

〈RS殴る〉　　〈悪い〉　　〈-pt3〉

　上の例文の〈殴る〉は行動 RS です。手単語の〈悪い〉は、「悪い」のほかに「ひどい」「ダメ」等の意味を持ちます。この〈悪い〉が文法化した例が下の日本手話例文です。

第3章　日本手話らしい表現を手指日本語でやるとどうなる？

> 田中さんがあまりにもカッコいいので、女性が放っておかない

■日本手話例文　〈田-中　顔　カッコいい　悪い　女性　もてる-pt3〉

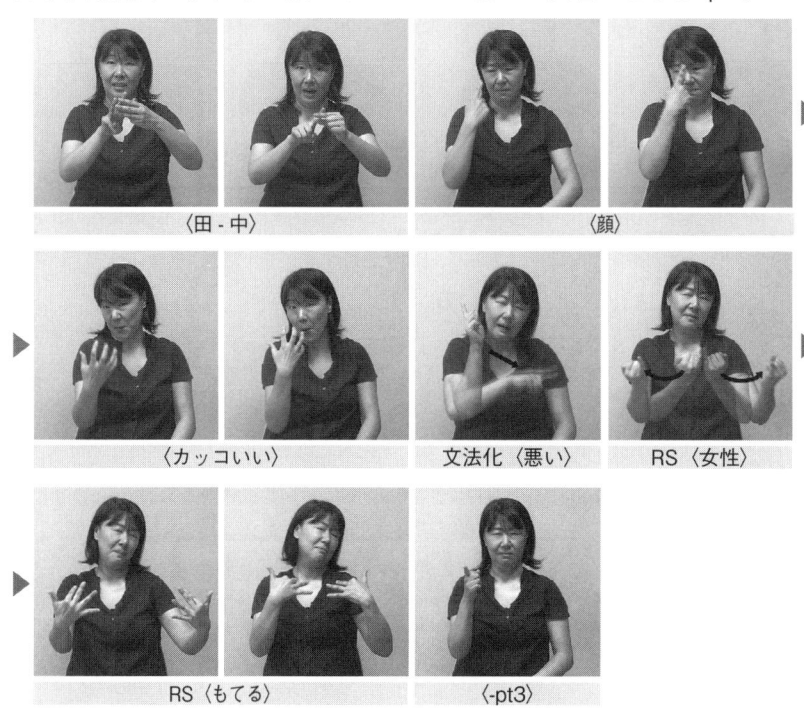

〈田-中〉　　　　　　　　〈顔〉

〈カッコいい〉　　文法化〈悪い〉　　RS〈女性〉

RS〈もてる〉　　〈-pt3〉

○手指日本語例文

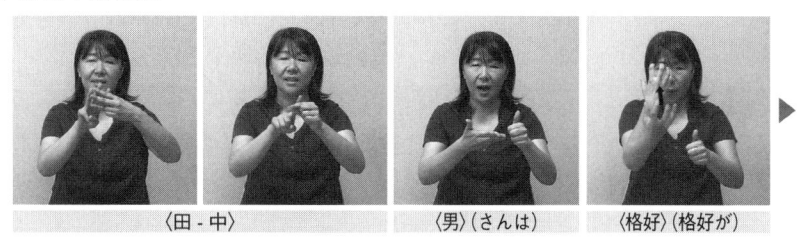

〈田-中〉　　〈男〉(さんは)　〈格好〉(格好が)

〈いい〉（良）　〈過ぎる〉（すぎて）　〈女性〉（女性に）

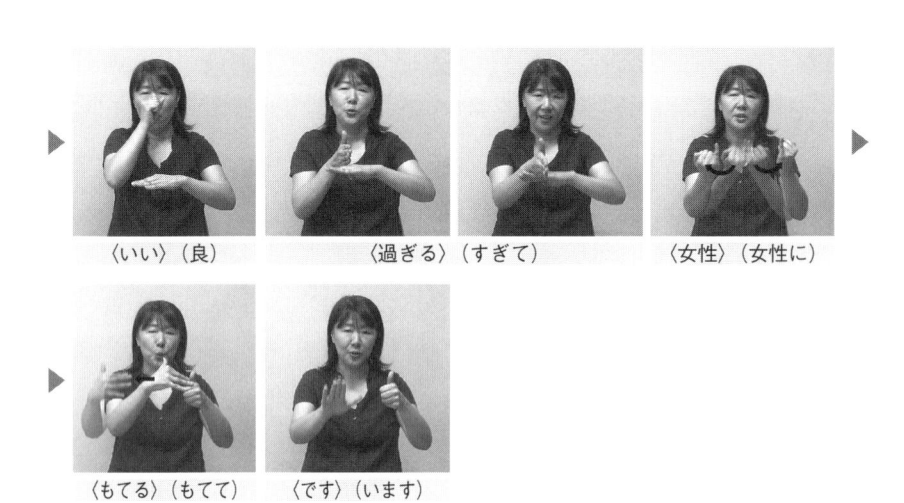

〈もてる〉（もてて）　〈です〉（います）

　日本手話例文のAは〈田中　顔　カッコいい〉でBは〈女性　もてる〉です。日本語では、「田中さんがあまりにもカッコいいので、女性が放っておかない」でしょうか。もうひとつの例文を紹介してみましょう。

料理があまりにも美味しいので食べ過ぎてしまった
■日本手話例文　〈料理　おいしい　悪い　食べすぎる　-pt1〉

〈料理〉 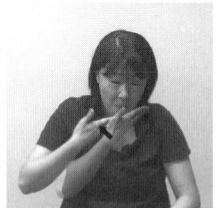　〈おいしい〉+NMMとても 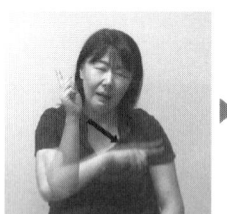　文法化〈悪い〉

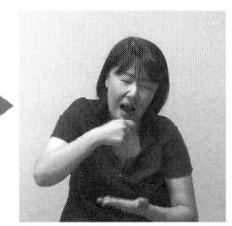

RS〈食べ過ぎる〉 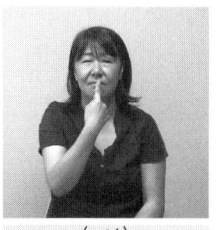　〈-pt1〉

Aは〈料理　おいしい〉でBは〈食べすぎる〉です。日本語では、「料理があまりにも美味しいので食べ過ぎてしまった」という意味になるでしょうか。〈悪い〉という語を用いるのは、Aの内容がほどほどであればBのようなことは起きないというためであろうと考えられます。

このような文法化されたものに、〈A かまわない B〉や〈A 本当 B〉などがあります。

【文法化〈A かまわない B〉】　【文法化〈A本当B〉】

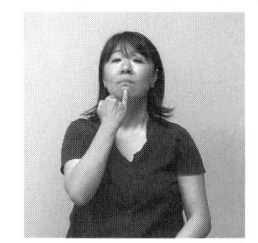

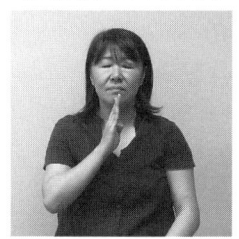

いずれにせよ、今までに紹介した〈A-B構文〉に出てくる手単語を同じように並べて手指日本語にすることは困難です。聾者が仮に手指日本語で話したとしても、上のような構文は使われないといっていいでしょう。

イベントチェーンの紹介

日本手話の特徴のひとつにイベントチェーンがあります。同じ事象でも、日本手話と日本語では表現が異なります。手指日本語は日本語に基づいていますので、日本手話話者からみれば、その表現は何かが足りない、ということになります。

次の写真は上が手指日本語、下が日本手話の例です。

第2部 実例編

テレビをつける

○手指日本語〈テレビ つける〉

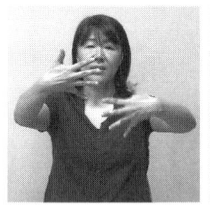

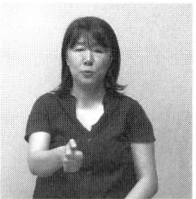

〈テレビ〉　〈つける〉

■日本手話〈テレビ CL リモコンを押す CL 画面が出る〉

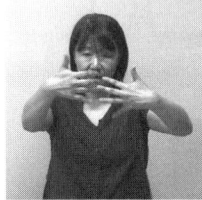

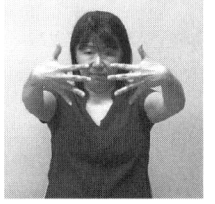

〈テレビ〉　〈CLリモコンを押す〉　〈CL画面が出る〉

ビールを注ぐ

○手指日本語〈ビール 注ぐ〉

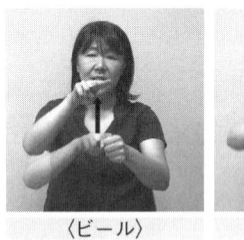

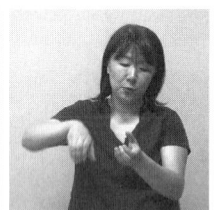

〈ビール〉　〈注ぐ〉

■日本手話〈ビール 栓を抜く CL 注ぐ〉

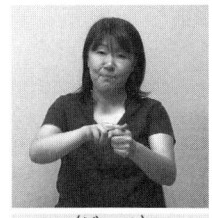

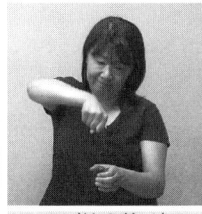

〈ビール〉　CL〈栓を抜く〉　CL〈注ぐ〉

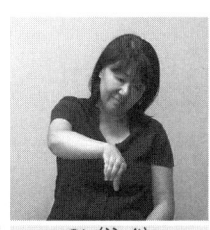

第3章　日本手話らしい表現を手指日本語でやるとどうなる？

フリスビーがポストに入った

○手指日本語〈フリスビー　ポスト　入る〉

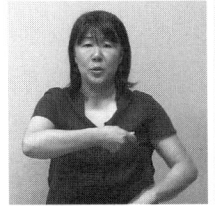

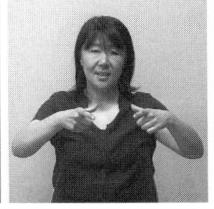

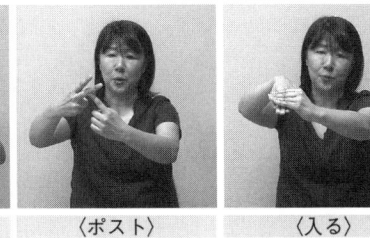

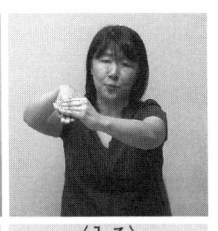

〈フリスビー〉　〈ポスト〉　〈入る〉

■日本手話〈フリスビー　CL 投げる　CL 飛ぶ　ポスト CL ポストの口に入る〉

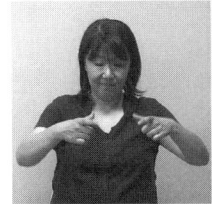

CL〈フリスビー〉　CL〈投げる〉　CL〈フリスビーが飛ぶ〉

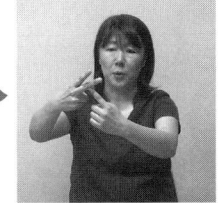

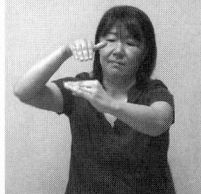

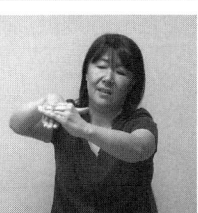

〈ポスト〉　CL〈フリスビーがポストの口に入る〉

改札を出る

○手指日本語〈改札　出る〉

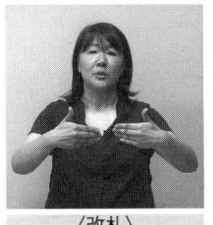

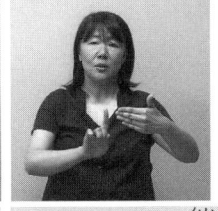

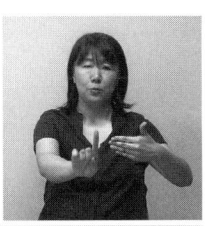

〈改札〉　〈出る〉

■日本手話〈CL（ICカードを）タッチする　CL改札が開く　CL歩いて出る〉

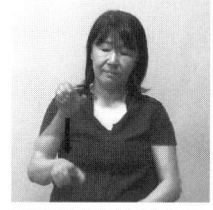

〈CLカードをタッチ〉 　〈CL改札が開く〉 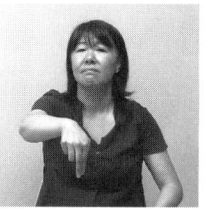　〈CL歩いて出る〉

文法化（いう、くる）

〈いう〉や〈くる〉という語の本来の使われ方でなく、文法化した例を紹介します。

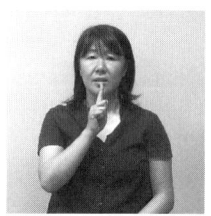

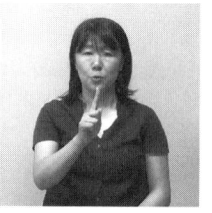

〈いう〉 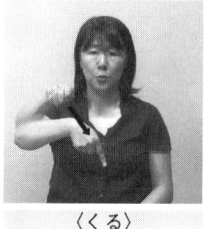　〈くる〉

■日本手話例文　〈子ども　いう〉

〈子ども〉 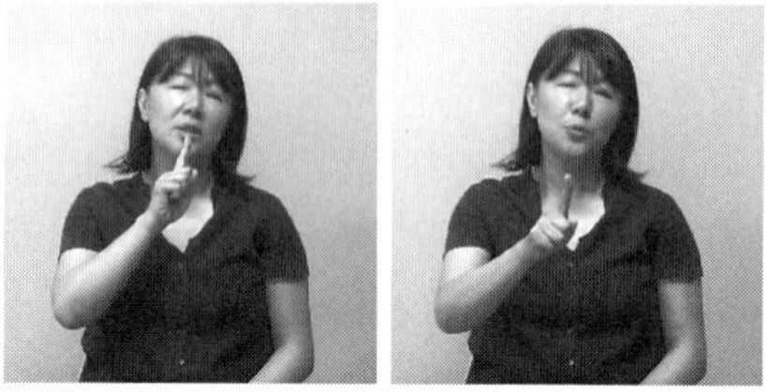　文法化〈いう〉

　これは、「子どもが言っている」という意味ではありません。子どもが遊びつかれてぐっすり寝てしまっている様子をみて〈子ども　いう〉となれば、それは「子どもだね」にもなりますし、初対面の人に子どもが「あ

んた、誰？」と臆面もなく聞いたところを見た人が〈子ども　いう〉と言った場合は、「子どもだからねえ」にもなるでしょう。〈いう〉という語が本来の意味から機能語として文法化した一例です。

自転車であんなにスピード出していたら、いつか事故を起こすよ

■日本手話例文　〈スピード　RS 自転車をこぐ、事故　くる　-pt3〉

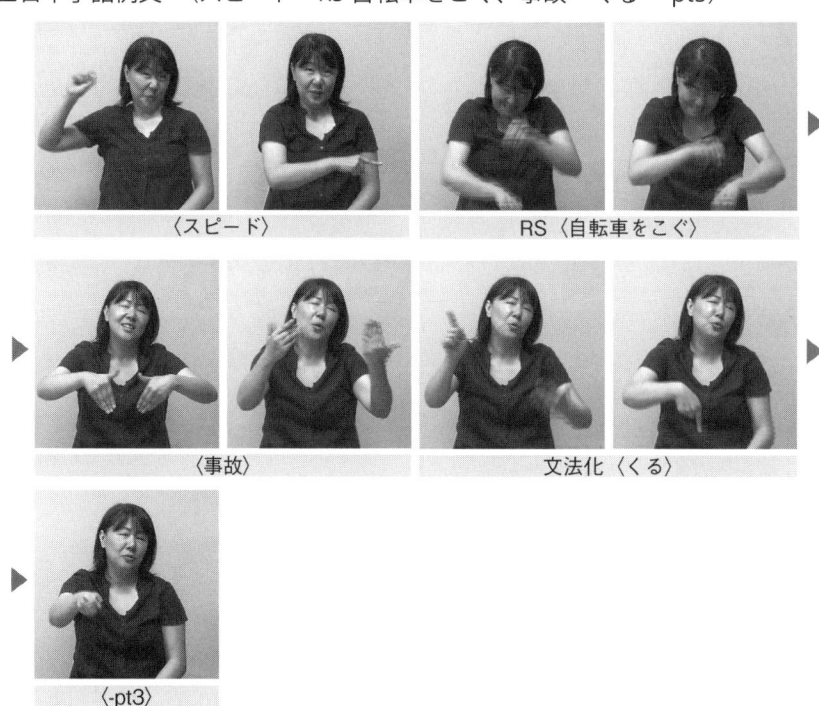

〈スピード〉　　　　　　　　　RS〈自転車をこぐ〉

〈事故〉　　　　　　　　　文法化〈くる〉

〈-pt3〉

　日本語にすれば、「自転車であんなにスピード出していたら、いつか事故を起こすよ」でしょうか。〈～くる〉は、推測（いつか｜するだろう）という意味をもちます。

　手指日本語にすれば、次のようになるでしょう。

○手指日本語例文 〈とても　スピード　自転車　時　後　事故　らしい〉

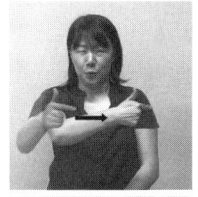

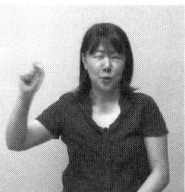

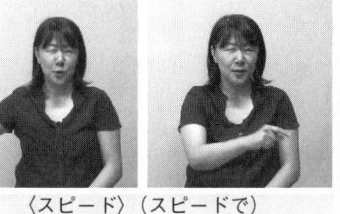

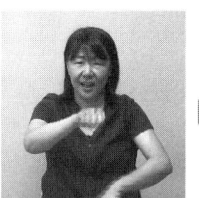

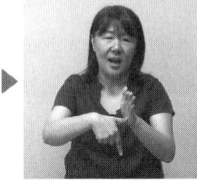

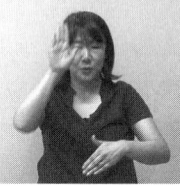

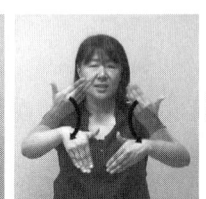

〈とても〉（すごい）　〈スピード〉（スピードで）　〈自転車〉（自転車をこいで）

〈時〉（いたら）　〈後〉（いつか）　〈事故〉（事故を起こす）

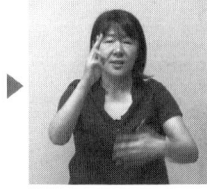

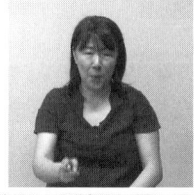

〈らしい〉（でしょう）

慣用的表現

　日本語の「足を洗う」は言葉通りに足を洗うこと以外に、慣用的な表現として「悪い仲間から離れる」「好ましくない生活をやめる」という意味で使われます。例えば、「ヤクザ稼業から足を洗う」と言ったりします。
　手指日本語では、日本語の慣用的な表現をそのまま表現するでしょう。日本手話の場合は、日本手話の慣用的表現を用いて表現されます。

第3章　日本手話らしい表現を手指日本語でやるとどうなる？

悪いことから足を洗う

○手指日本語　〈悪い　こと　から　足を　洗う〉

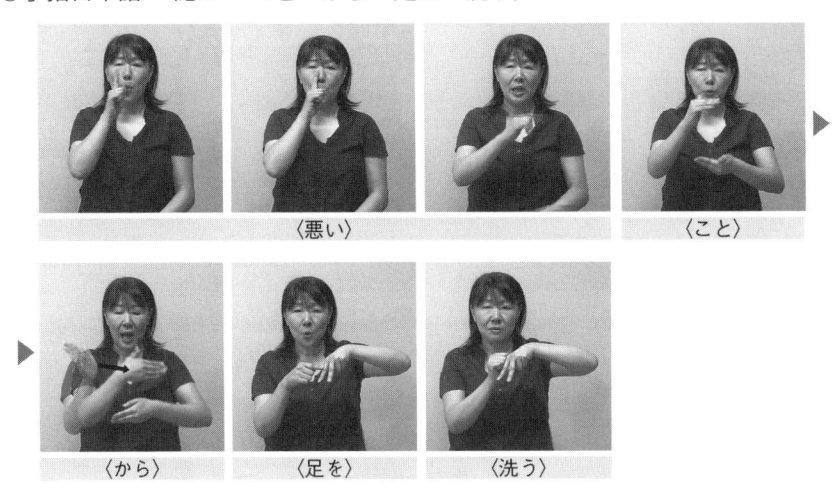

〈悪い〉　〈こと〉

〈から〉　〈足を〉　〈洗う〉

■日本手話　〈悪いこと、終わり、負う‐落とす〉

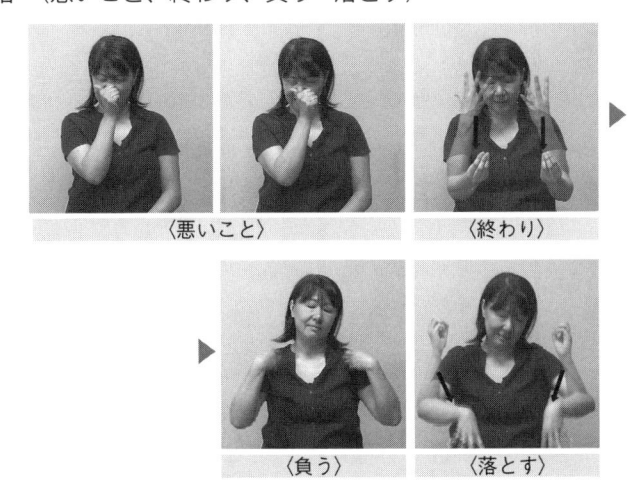

〈悪いこと〉　〈終わり〉

〈負う〉　〈落とす〉

　日本語には「目が高い」はありますが、「目が安い」はありません。ところが、日本手話には〈目が高い〉と〈目が安い〉の両方あります。同じ「目が高い」でも、両者は意味が少し異なります。日本語の「目が高い」

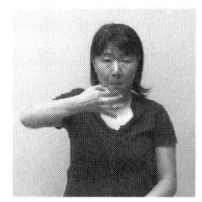

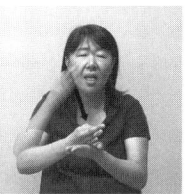

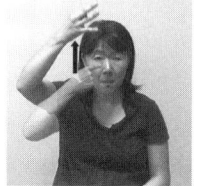

〈目が高い〉 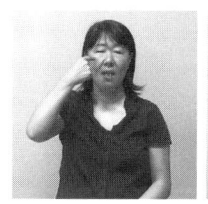　　　　　　　　　〈目が安い〉

は、良いものを見わける能力があることをさしますが、日本手話の〈目が高い〉は、観察力があること、見つけるのが速いことなどの意味で使われます。〈目が安い〉は、〈目が高い〉の逆の意味で使われます。

　ほかにも、〈あごが外れる〉（驚く）、〈鼻が高い〉（鼻が利く）、〈目玉が飛び出る〉（驚く）、〈目を見つけ出す〉（鋭い）といった慣用的な表現があります。手指日本語では、このような慣用的表現が表されることはありません。

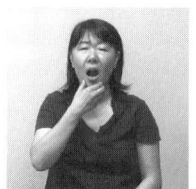

〈あごが外れる〉  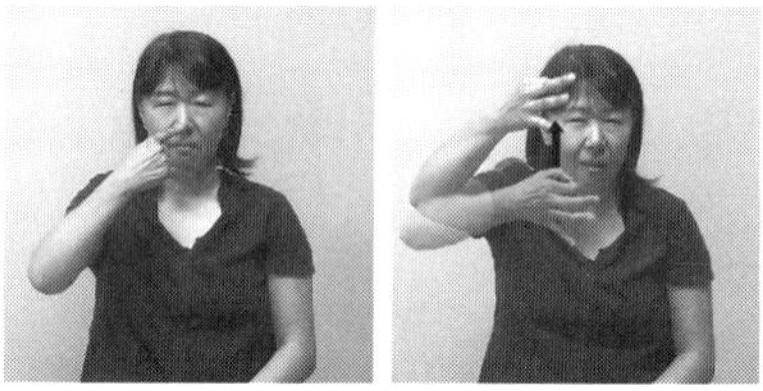　　　　　　　　〈鼻が高い〉

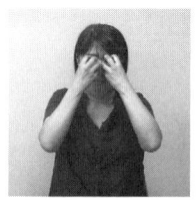

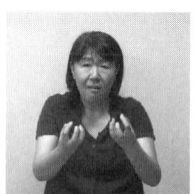

〈目玉が飛び出る〉 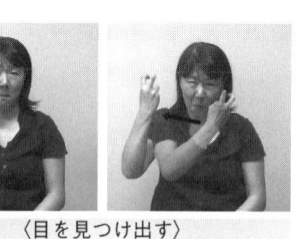　　　　　　　〈目を見つけ出す〉

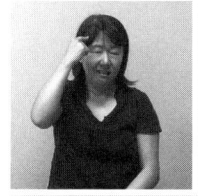

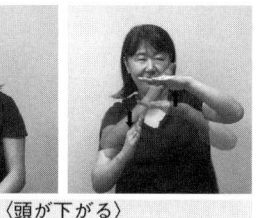

〈頭が下がる〉 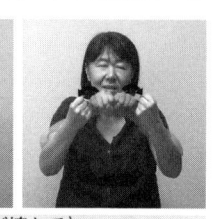 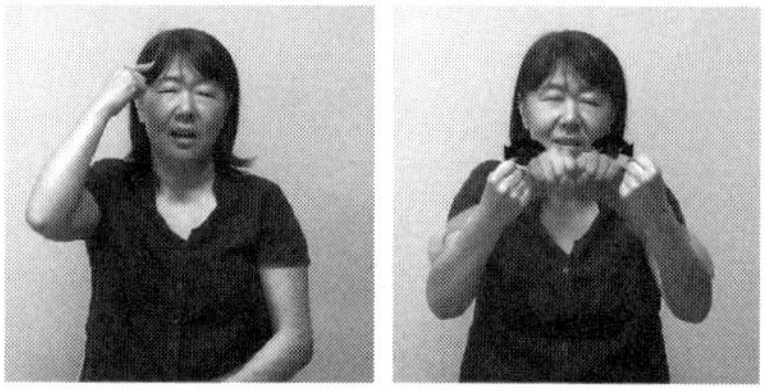　　　　　　　　　〈頭が壊れる〉

第3章　日本手話らしい表現を手指日本語でやるとどうなる？

文末コメント

　日本語の「なんと」や文末の「〜ね」は、話者の心的態度を示しています。音声で話されるときはイントネーションに話者の心的態度が現れます。しかし、「なんと」にあたる手単語は存在しないため、手指日本語で話す場合は、「なんと」の部分を音声だけで処理することになります。

　日本手話の場合、心的態度を示すものとして、〈びっくりする〉、〈疑問に思う〉、〈幸せ〉、〈まったく〉、〈ずるい〉などといった文末コメントがつきます。2例、紹介しましょう。

■日本手話例文　〈5キロ　太る、びっくりする〉

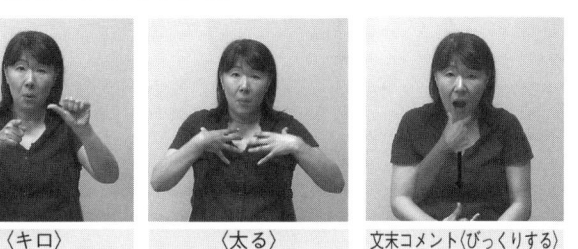

〈5〉 　〈キロ〉 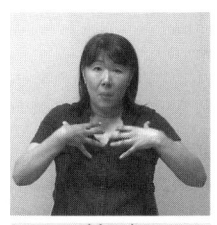　〈太る〉　文末コメント〈びっくりする〉

これは「なんと5キロも太っていた」という意味になります。

■日本手話例文　〈今朝　寝坊　文末指さし、　まったく　文末指さし〉

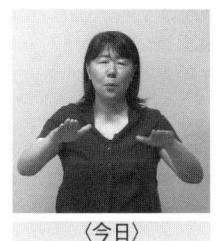

〈今日〉 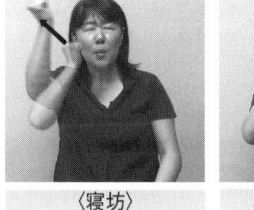　〈寝坊〉 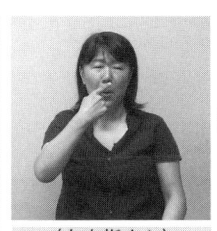　〈文末指さし〉

文末コメント〈まったく〉　　　　　　　　　〈文末指さし〉

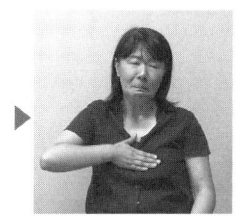

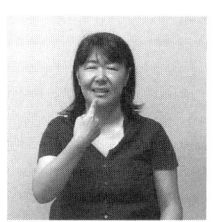

　これは、寝坊しないように早く寝たにもかかわらず寝坊したときに、文末コメント〈まったく〉をつけて、「(早く寝たのに) 今朝は寝坊しちゃったよ」という意味になります。ちなみに、〈まったく〉と同時に表出されるNMMは《pi》となります。

　心的態度は相手の発話の意図を知る上でも重要な手がかりになります。しかし、手指日本語では、音声のほうに心的態度が現れますので、聾者には伝わらないことになります。

語彙の持つ意味範囲の違い

　英単語 "poor" を「貧乏」とおきかえて覚えた私は "a poor country" を貧しい国家と理解できても、"I am poor at English"（英語が下手だ）はとっさに理解できませんでした。

　これと同じことが手指日本語の学習者にも起きています。手指日本語の学習者は、日本語の単語を手話の単語におきかえて覚えていきます。例えば、〈かたい〉を「硬い」と覚えた人は、〈頭　かたい〉を「頑固だ」と理解することはできるようですが、次の例文はすぐには理解できないでしょう。意味は「100年前に建った家がいまも持っているなんて」です。

第3章　日本手話らしい表現を手指日本語でやるとどうなる？

■日本手話例文　〈100 年　前　家　かたい〉

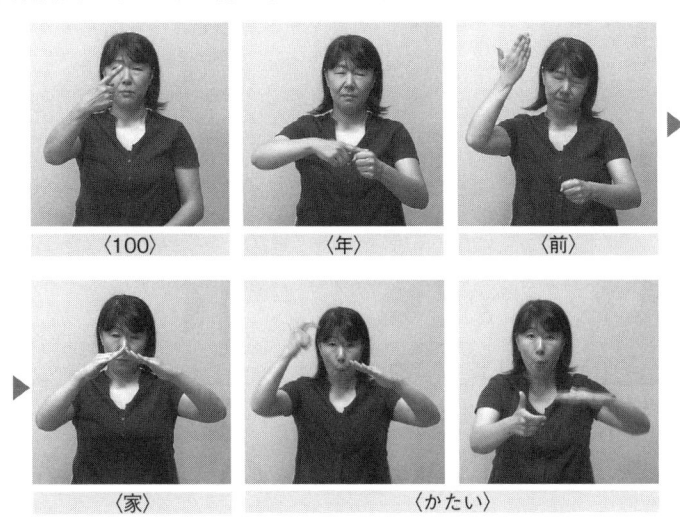

〈100〉　〈年〉　〈前〉

〈家〉　〈かたい〉

　手単語〈平気〉は、日本語の「平気」と同じですが、例えば、エアコンがとても効いている部屋で、タンクトップを着ている女性に「寒くない？」とたずねたとき、手指日本語の人は〈平気、できる〉（「平気、大丈夫だ」）という手単語を使いますが、手話話者は〈OK、できる〉というのが普通です。平静な様子を表すときは日本語も日本手話も『平気』ですが、気にかけない様子を日本手話では〈平気〉ではなく、NMM（問題ない）と共に〈大丈夫〉が使われることが多いのです。このように、同じ語でも、日本手話のほうがその使用は限定的であるといってよいでしょう。

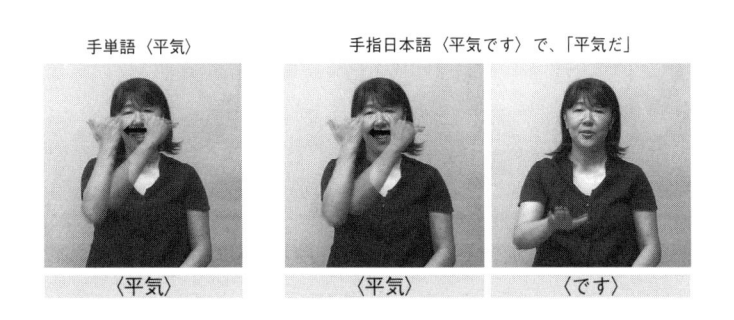

手単語〈平気〉　　　手指日本語〈平気です〉で、「平気だ」

〈平気〉　〈平気〉　〈です〉

手単語〈平気〉と共にNMM（問題ない）が表出されている

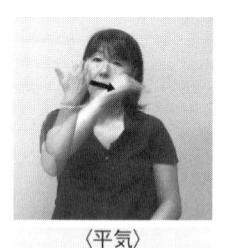

手単語〈できる〉と共にNMM（問題ない）が表出され、「平気だ」という意味で使われる

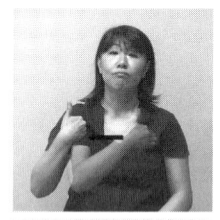

〈平気〉　〈できる〉

　今回は、紙面の都合で〈かたい〉、〈平気〉、〈大丈夫〉だけを取り上げましたが、他にも、語彙の持つ意味範囲が異なる単語はたくさんあります。
　手単語を日本語の単語におきかえて覚えると、手単語ひとつひとつの多様な使い方を知らないという問題に直面することになります。

文献案内

日本手話や聾者のことを学びたい！ 知りたい！

手話は三次元のことばなので、本から日本手話を身につけることは現実的ではありません。また、日本手話に対する誤解も多く、よい本とは決していえないものもたくさんあります。ここでは、日本手話学習者のためによいと思うものを厳選しました。

【日本手話の基本的なことから知りたい場合はこの本がお勧め！】

『初歩からやさしく学べる手話の本　はじめての手話』木村晴美・市田泰弘（日本文芸社）

『文法が基礎からわかる　日本手話のしくみ』岡典栄・赤堀仁美（大修館書店）

【聾を取り巻くいろいろなことが学べる本】

『日本手話とろう文化——ろう者はストレンジャー』木村晴美（生活書院）

『ろう者の世界——続・日本手話とろう文化』木村晴美（生活書院）

『もうひとつの手話——ろう者の豊かな世界』斉藤道雄（晶文社）

『手話の世界を訪ねよう』亀井伸孝（岩波ジュニア新書）

『手話の世界へ』オリバー・サックス、佐野正信訳（晶文社）

『バイリンガルでろう児は育つ』全国ろう児をもつ親の会編、佐々木倫子監修（生活書院）

『コーダの世界——手話の文化と声の文化』澁谷智子（医学書院）

【より専門的に学びたい】

『ろう文化』現代思想編集部（青土社）

『ろう文化の歴史と展望——ろうコミュニティの脱植民地化』パディ・ラッド、森壮也監訳（明石書店）

『「ろう文化」の内側から——アメリカろう者の社会史』キャロル・パデン、トム・ハンフリーズ、森壮也・森亜美訳（明石書店）

『善意の仮面——聴能主義とろう文化の闘い』ハーレン・レイン、長瀬修訳（現代書館）

【参考資料】

伊藤政雄（1998）『歴史の中のろうあ者』近代出版
江時　久（1994）『ベートーヴェンの耳』ビジネス社
木村晴美・市田泰弘（1995）『初歩からやさしく学べる手話の本　はじめての手話』日本文芸社
木村晴美・市田泰弘（2000）「ろう文化宣言以後」、ハーラン・レイン編　『聾の経験——18世紀における「手話の発見」』東京電機大学出版局
斉藤道雄（1999）『もうひとつの手話——ろう者の豊かな世界』晶文社
柴田志保（2009）「ろう者の思考表現スタイル——ろう者の語りと聴者の語り」（国立障害者リハビリテーションセンター学院・手話通訳学科、第18期生卒業研究）
澁谷智子（2011）「バイモダル・バイリンガリズム——ろう文化と聴文化の関係を考える6」『翼（つばさ）』No.233（日本手話通訳士協会）
澁谷智子（2011）「コード・ブレンドの類型——ろう文化と聴文化の関係を考える7」『翼（つばさ）』No.233（日本手話通訳士協会）
田上隆司・森明子・立野美奈子（1979）『手話の世界』（日本放送出版協会）
鶴田さくら（2004）「日本手話におけるマウジング」（国立身体障害者リハビリテーションセンター学院・手話通訳学科、第13期生卒業研究）
松岡　弘・監修（2000）『日本語文法ハンドブック』（スリーエーネットワーク）
山本雅代（1996）『バイリンガルはどのようにして言語を習得するのか』明石書店
米川明彦（2002）『手話ということば　もう一つの日本の言語』PHP新書
スティーブンD. クラッシェン・トレイシーD. テレル（藤森和子訳）（1986）『ナチュラル・アプローチのすすめ』大修館書店
ルイ＝ジャン・カルヴェ（萩尾生訳）（2001）『社会言語学』白水社
ロベール・ショダンソン（糟谷啓介／田中克彦訳）（2000）『クレオール語』文庫クセジュ
Ella Mae Lents/Ken Mikos/Cheri Smith（1988）"Singing Naturally" DawnSignPress
日本聴力障害新聞縮刷版（財団法人全日本聾唖連盟）

—中途失聴者のSilent Life—　http://blog.goo.ne.jp/silent-life
手話文法研究室[SLLing-Net] 市田泰弘　http://slling.net/

本書のテキストデータを提供いたします

　本書をご購入いただいた方のうち、視覚障害、肢体不自由などの理由で書字へのアクセスが困難な方に本書のテキストデータを提供いたします。希望される方は、以下の方法にしたがってお申し込みください。

◎データの提供形式＝CD-R、フロッピーディスク、メールによるファイル添付（メールアドレスをお知らせください）。

◎データの提供形式・お名前・ご住所を明記した用紙、返信用封筒、下の引換券（コピー不可）および 200 円切手（メールによるファイル添付をご希望の場合不要）を同封のうえ弊社までお送りください。

●本書内容の複製は点訳・音訳データなど視覚障害の方のための利用に限り認めます。内容の改変や流用、転載、その他営利を目的とした利用はお断りします。

◎あて先
〒160-0008
東京都新宿区三栄町 17-2 木原ビル 303
生活書院編集部　テキストデータ係

【引換券】
日本手話と
日本語対応手話

【著者略歴】
木村晴美（きむら・はるみ）

山口県生まれ。ろうの両親から生まれ育ったろう者。一橋大学大学院言語社会研究科修士課程修了。国立障害者リハビリテーションセンター学院手話通訳学科教官（1991年～）。NHK 手話ニュース 845 の手話キャスターとして出演中（1995年～）。
著書に『ろう者の世界──続・日本手話とろう文化』（生活書院、2009年）、『日本手話とろう文化──ろう者はストレンジャー』（生活書院、2007年）、『はじめての手話』（市田泰弘と共著、日本文芸社、1995年）、論文に「ろう文化宣言──言語的少数者としてのろう者」市田泰弘と共同執筆『現代思想』1995年3月号、「手話入門──はじめの一歩」『月刊言語』1998年4月号、「手話で表されるユーモア」『月刊言語』1998年4月号、「手話における表情の役割」『月刊言語』1998年12月号、「ろう文化とろう者コミュニティ」『障害学を語る』（筒井書房、2000年、所収）、「手話通訳者とバイリンガリズム」『月刊言語』2003年8月号、などがある。

■木村晴美のホームページ
　　http://www.kimura-harumi.com/
■メールマガジン「ろう者の言語・文化・教育を考える」：
　　まぐまぐ！　http://www.mag2.com/

日本手話と日本語対応手話（手指日本語）
　　──間にある「深い谷」

発　行	2011年8月31日　初版第1刷発行
	2012年5月25日　初版第3刷発行
著　者	木村晴美
発行者	髙橋　淳
発行所	株式会社　生活書院
	〒160-0008
	東京都新宿区三栄町 17-2 木原ビル 303
	ＴＥＬ 03-3226-1203
	ＦＡＸ 03-3226-1204
	振替 00170-0-649766
	http://www.seikatsushoin.com
印刷・製本	シナノ印刷株式会社

Printed in Japan
2011 © Kimura Harumi
ISBN 978-4-903690-79-7

定価はカバーに表示してあります。
乱丁・落丁本はお取り替えいたします。